W0066472

Von Pfr. Suns
Okt. '86

KLAUS HEMMERLE

Dein Herz an Gottes Ohr

Inhalt

WAS IST BETEN?

GESTALTEN DES GEBETES

GEBET UND LEBEN

Nur für Beter?

„Zugang nur für Beter" liest man mitunter vor Seiten-kapellen oder stillen Bezirken innerhalb viel besich-tigter Kirchen.

Steht dieses Wort heimlich auch über den Seiten dieses Buches? Beim einen oder anderen Stück mag es so scheinen. Aber auch hier ist – wie beim Ganzen – das Entgegengesetzte im Blick: „Zugang für Nicht-beter".

Zugang freilich, um beten zu lernen. Und da ist es nützlich, von verschiedenen Seiten her anzusetzen. Und manchmal – keineswegs immer – gelingt der Einstieg eben besser als vom Rand von der Mitte her – wie jener Gelähmte anschaulich macht, den seine Freunde vom Haus des Daches, in dem Jesus lehrte, auf einer Bahre direkt vor seine Füße niederließen.

Zugang für Nichtbeter – gewiß und zuerst. Aber auch der Beter muß immer neu den Zugang finden zu dem, was er „kann", damit sein Beten nicht, allzu gekonnt und selbstverständlich geworden, sich ver-braucht.

Spricht das aber nicht gegen ein Buch, das Zu-gänge zum Beten „anbietet"? In der Tat, diese Frage hat ihr Recht. Aber das Buch und seine Bruchstücke sind nicht aus dem Betenkönnen erwachsen, son-dern einfach aus dem Mitgehen mit Menschen, die als Beter oder Nichtbeter aufbrachen ins Abenteuer des Gebetes. Zeichen und Notizen von Wegen sind da gesammelt, auf die der Schreiber „mitgenommen" wurde, als er lernend die Lehre des Betens von Mitbetern erbat oder als er von anderen ums Geleit beim Beten und ins Beten gebeten wurde. Es ist kein System und keine Summe aus diesen Notizen erwachsen, sondern eine Landkarte mit vielen weißen Flecken. Hoffentlich lädt sie ein zum Gehen und ermutigt, selber Wege zu finden und sich auf solchen Wegen von Dem finden zu lassen, der in uns, für uns und mit uns betet.

ZUGÄNGE

„Gott hat sein Ohr an deinem Herzen"

Augustin schenkt uns eine der kostbarsten Einsichten ins Geheime des Gebetes: „Gott hat sein Ohr an deinem Herzen" (Erklärung zu Psalm 148).

Gottes Ohr zu-lassen an unser Herz, unser Herz zu-lassen an Gottes Ohr: darum geht es, das ist die Kunst des Gebetes. Eine Kunst übrigens für jedermann; denn es ist nicht unsere Kunst, sondern jene des Geistes, den Gott uns gibt und der *in uns* betet, da wir nicht wissen, wie und um was wir beten sollen (vgl. Röm 8,26 f.).

I

Der Liturge ruft den Mitfeiernden bei der Eucharistiefeier zur Eröffnung des Hochgebetes zu: „Erhebet die Herzen!" Und ihre Antwort lautet: „Wir haben sie beim Herrn."

Beten heißt: das Herz zu Gott erheben. Aber gelingt das? Ist der Radius unseres Wahrnehmens nicht zu eng gezogen, als daß unser Herz von sich aus Gott erreichte? Ist die Schwungkraft unseres Herzens nicht zu schwach? Hängen an unserem Herzen nicht Gewichte, die es belasten, lähmen, niederziehen? Was gibt uns den Mut zu sagen: Wir haben unser Herz beim Herrn?

Sein Ohr. Er hat es uns geneigt. Der Vater hört auf den Sohn. Und der ist zu uns herabgestiegen, in unser Fleisch, in unser Herz. Der Vater hört im Herzen seines Sohnes alle unsere Herztöne, er findet im Herzen des Sohnes unser Herz. Er hört in Ihm, in dem wir geschaffen, geliebt, getragen, angenommen, übernommen sind, uns selbst.

Unser Herz erheben, das heißt unser Herz dort lassen, wo es ist, aber entdecken, daß dort, wo es ist, Gottes Herz im Herzen seines Sohnes bei uns ist. Falle hinein in ihn, und er trägt dich nach oben. In ihm ist Gottes Ohr an deinem Herzen, in ihm ist dein Herz an Gottes Ohr.

II

Wo ist mein Herz? Ich weiß es nicht. Was geht nicht alles durch mein Herz hindurch! Und was nun *ist* wirklich „mein Herz"? Die Fragen, Ängste, Hoffnungen, die ungerufen in ihm aufsteigen? Die tausend Eindrücke, die vorbeihuschen und doch ihre heimlichen Spuren hinterlassen? Die Appelle, Signale, Ansprüche, Angebote, die es erst aufschrecken und dann abstumpfen? Das Rätselhafte, das in ihm aufbricht oder undurchschaut sich verborgen hält in seinem Grund? Was ist mein Herz, wo ist mein Herz?

Ich weiß es nicht. Er weiß es. Seine Liebe weiß es (vgl. Joh 21, 17). Ich „habe" mein Herz nur, weil sein Ohr sich an es hinhält. Ich habe mein Herz in Ihm.

Laß dich ihm, gib dich frei, trau dich ihm zu. Dann bist du bei ihm und bei dir. Gott hat sein Ohr an deinem Herzen.

III

Die Umkehrung gilt nicht minder: Gott hat sein Herz an deinem Ohr. Er hat dir nicht nur *etwas* von sich offenbart, mitgeteilt, geschenkt, sondern sich selbst. Wenn du ihm glaubst, wenn du dich auf ihn einläßt, wenn du auf ihn hörst, dann hörst du nicht nur eine Nachricht, eine Anweisung, ein Gebot. Du hörst sein Herz. Bleibe bei ihm, bis du dieses sein Herz entdeckst. Er braucht dein geduldiges Horchen, um dir sein Herz zu öffnen; denn nur Geduld versteht Liebe und erlernt Liebe. Wer aber ihn liebt, dem wird er sich offenbaren und bei dem wird er Wohnung nehmen (Joh 14, 21–23).

IV

Gott hat sein Herz an deinem Ohr, damit durch dein Ohr sein Herz in dein Herz dringe, dein Herz werde. Gottes Ohr an deinem Herzen – Gottes Herz an deinem Ohr: Wechselspiel des Betens. Nur die Beter kennen Gott. Nur die Beter kennen den Menschen.

Wie groß ist der Mensch?

Kinder haben ein schöneres Maß ihrer eigenen Größe als die Erwachsenen. Sie messen sich nicht allein an den neutralen Zahlen und Strichen von Meter und Zentimeter, sie messen sich an Mutter und Vater, gehen ihnen bis zur Hüfte, bis zum Hals, wachsen ihnen über den Kopf.

Wie groß ist der Mensch? Wenn er ist, was er zutiefst ist, Kind, dann mißt er sich nicht an objektiven Daten seines Wesens, sondern er mißt sich an Gott. Dann aber ist die Antwort gewiß richtig, daß er Staub ist. Ein Staub vor Unendlich. Aber auch diese Aussage ist noch zu sehr von der Erwachsenenart, die mit Metern und Zentimetern umgeht. Gewiß, sie ist notwendig, wie auch das Metermaß für unsere Kleinen nicht durch das Beziehungsmaß abgeschafft werden darf. Aber dieses Metermaß ist eben ein Drittes, an dem Eltern und Kinder zugleich sich messen können – sich aneinander messen aber ist mehr als nur sich messen an einem Dritten. Und so ist auch der Vergleich zwischen Nichts und Unendlich noch nicht die unmittelbarste, noch nicht die menschlichste, noch nicht die göttlichste Maß-nahme des Menschen an Gott. Die „richtigste" Antwort auf unsere Frage, wie groß der Mensch sei, heißt doch wohl: der Mensch ist sehr groß, er geht Gott bis zum Herzen.

Bleiben wir in der Bildwelt des an den Eltern sich messenden Kindes. Da stellen sich die Kinder öfters auf die Zehenspitzen, um ganz groß zu sein. Muß der Mensch, um Gott ans Herz zu gehen, sich auch auf die Zehenspitzen stellen? Muß er sich selbst, um es philosophisch zu sagen, „transzendieren"?

Ich glaube: nein. Ich glaube sogar: ganz im Gegenteil! Er reicht Gott bis zum Herzen, wenn er am Boden liegt, wenn er sich ganz klein erfährt, wenn er nur noch rufen kann: Zieh mich aus dem Schmutz, heb mich in die Höhe, halt mich an dein Herz!

Will Gott also doch auf seiner unendlichen Größe, auf seiner Unvergleichlichkeit mit uns bestehen?

Nun, wenn wir sie ihm nicht zugeständen, dann erkennten wir ihn nicht. Wahrheit muß sein. Aber die bloße Wahrheit ist nicht die ganze Wahrheit, gerade für Gott nicht.

Was heißt das? Gott selbst wollte für uns „am Boden liegen". Er selbst ist einer geworden, der uns um Annahme, um Liebe, um Erbarmen bittet. Papst Johannes Paul II. hat in seinem Schreiben über die Barmherzigkeit Gottes Bewegendes dazu gesagt.

Gebet, Anbetung, um Hilfe schreiendes Bitten und sich auf den Boden verneigendes Danken sind demütig, aber sie demütigen nicht. Denn unser Beten ist seit Krippe und Kreuz und im Weitergehen von Krippe und Kreuz in den Geringsten und Ärmsten, die Glieder dieses einen und selben Christus, Gegenwart dieses einen und selben Christus sind, stets auch Antwort auf den Gott, der uns zu Herzen gehen will, auf den Gott, der uns bittet, uns dankt, bei uns anklopft, um unser Gast zu sein. Gebet ist nicht nur Antwort auf Gottes erstes, herrscherlich erschaffendes Wort, es ist Antwort auf sein uns suchendes, uns „brauchendes" Wort.

Beten können

I

Ein Jünger kommt zu einem Meister des Gebetes und klagt ihm: „Meister, ich habe mich so gemüht, mich zu sammeln versucht, über mich selbst nachgedacht, alle Gedanken, die mir kamen, still werden lassen – und doch habe ich nicht beten können. Was soll ich tun?" Der Meister antwortet: „Mach aus deinem Nicht-beten-Können ein Gebet."

II

Ein anderer Jünger kommt zum Meister und sagt: „Danke, daß du mich so gut beten gelehrt hast. Ich kann es jetzt bereits, mir kommen die Worte, und es schwingt auch mein Gefühl." Der Meister fragt zurück: „Was hat Er zu dir im Gebet gesagt?" Der Jünger schweigt ratlos und zuckt die Achseln. Der Meister darauf: „Mach dein Wort zum Schweigen, dann wird Sein Schweigen zum Wort!"

III

Wiederum kommt ein Jünger zum Meister und sagt ihm: „Ich habe ganz eindringlich gebetet, habe alle meine Sorgen und Probleme vor Ihn hingelegt – aber als ich vom Gebet wegging, waren alle Lasten und Sorgen wieder auf mir, das Gebet war verschwunden wie ein Traum." Der Meister: „Tausch dein Herz mit dem Seinen. Und wenn du dein Herz ihm nicht geben kannst, sag ihm, daß er es nehme. Dann nimm sein Herz. Wer gebetet hat, hat sein Herz an Gott verloren und findet in sich Gottes Herz – für die andern."

Lieber Gott, wie geht es dir?

Mit hellem Vergnügen erzählte es mir eine befreundete Familie. Sie hatten ihrer kleinen Tochter zu Weihnachten ein Spieltelefon geschenkt. Sie war selig, und wie sie am Heiligen Abend vor dem Zubettgehen sie in ihrem Zimmer überraschten, da saß sie am Telefon und telefonierte mit dem lieben Gott, ihm die Frage stellend: „Lieber Gott, wie geht es dir?"

Hoffentlich sind wir nicht klüger geworden als dieses Kind. Natürlich, Gott hat keine Launen, natürlich, Gott ist nicht unglücklich, es gibt bei ihm nicht Schwankung der Befindlichkeiten, einmal so und einmal anders.

Aber er hat in seinem Sohn ein Herz, ein menschliches Herz angenommen und in diesem Herzen sich selbst, die Liebe, die er ist, hineingehalten in alle Schicksale und Wandlungen menschlichen Lebens. Alles, schlechterdings alles geht ihm zu Herzen. Was immer uns begegnet, wir begegnen etwas, das Gott zu Herzen geht. Wo immer wir sind, wir finden das Herz Gottes, das sicher immer die Initiative ergreift, das allem zuvorkommt mit seiner Liebe – aber eben mit seiner Liebe, die trägt, annimmt, schon mitgelitten hat und doch in diesem Mitleiden in universaler Gleichzeitigkeit jetzt „da" ist, wo wir sind.

„Immer und überall ist deine Wunde da, immer

und überall ist deine Liebe bis zum Tod, ja bis zur Gottverlassenheit da, alles ist drinnen, alles ist gegenwärtig in dir, und du selbst bist darin gegenwärtig."

Wenn Franz von Assisi ausruft: „Wehe, die Liebe wird nicht geliebt!", dann hat er eben eine Antwort in seiner konkreten Situation auf die Frage des Kindes erfahren, wie es Gott geht.

Manche recht gefühligen Äußerungen einer Frömmigkeit, die dem Rechnung zu tragen sucht, kommen uns zu aufdringlich oder zu rührend vor. Müßten wir indessen nicht eine neue Sensibilität dafür erlernen, daß Gott sich freut über den Sünder, der umkehrt, daß er selber der erste ist, der froh ist mit den Frohen und weint mit den Weinenden? Müßten wir nicht wach in die Situationen unserer Welt und unseres Lebens hineingehen und sensibel dafür werden, wie es in ihnen Gott ergeht?

„Herr, ich will dich verstehen, Herr, ich will mich mit dir freuen und mit dir leiden, Herr, ich will mit dir und für dich wach sein, wohin immer mein Weg mich führt."

Die Kinderfrage: „Lieber Gott, wie geht es dir?" könnte so eine Leit-Frage werden für unser beständiges Gebet, für unser Leben in der ständigen Gegenwart Gottes, für ein Leben, das von uns her Mitleben mit Gott und von ihm her in uns universales, offenes, mitleidendes und mitwirkendes Leben für die Welt und mit den anderen wird.

Der Anfang des Gebetes

Der Meister versammelt seine Jünger und fragt sie: „Wo ist der Anfang des Gebetes?" Der erste antwortet: „In der Not. Denn wenn ich Not empfinde, dann wende ich mich wie von selbst an Gott." Der zweite antwortet: „Im Jubel. Denn wenn ich jubele, dann hebt sich mir die Seele aus dem engen Gehäuse meiner Ängste und Sorgen und schwingt sich auf zu Gott." Der dritte: „In der Stille. Denn wenn alles in mir schweigend geworden ist, dann kann Gott sprechen." Der vierte: „Im Stammeln des Kindes. Denn erst wenn ich wieder werde wie ein Kind, wenn ich mich nicht schäme, vor Gott zu stammeln, ist Er ganz groß und bin ich ganz klein, und dann ist alles gut." Der Meister antwortet: „Ihr habt alle gut geantwortet. Aber es gibt noch einen Anfang, und der ist früher als alle jene, die ihr genannt habt. Das Gebet fängt an bei Gott selbst. Er fängt an, nicht wir."

Die Schwelle

„Meister", fragen die Jünger, „du sagst uns: Beten ist ein Weg. Welcher Schritt auf diesem Weg ist der wichtigste?" „Der Schritt über die Schwelle", antwortet der Meister.

Sie fragen zurück: „Was ist das für ein Schritt, und wie geht er?"

Der Meister sagt: „Oftmals stolpern wir ins Gebet hinein. Wir finden uns mitten drinnen – und haben gar nicht angefangen. Oder wir bemerken es gar erst im nachhinein: Ich habe ja beten wollen, und die Worte sind durch mich hindurchgeronnen wie Wasser durch ein Rohr. Wenn ihr zu beten anfangt, dann gilt es einen Schritt über eure Müdigkeit, Zerstreuung, Spannung hinwegzutun und Ihm zu sagen: Siehe, da bin ich! Das ist aber noch nicht das Ganze. Der Schritt über die Schwelle ist nicht nur euer Schritt, es ist der Schritt Gottes. Im Beten kommt Gott selber über die Schwelle. Schaut aus nach ihm, sucht ihn, erwartet ihn. Dann wird auch er euch sagen: Siehe, da bin ich!"

Die Jünger halten nachdenklich inne. Der Meister blickt sie an: „Wenn beim Gebet nichts anderes als dieser Schritt über die Schwelle geschieht, dann ist es schon gut. Anfangen zu beten heißt schon: gut beten. Aber hört nie mit dem Beten auf, bevor es angefangen hat!"

Sammlung

I

Ein Jünger fragt den Meister: „Wohin muß ich gehen, um mich zu sammeln?" Der Meister fragt zurück: „Wo sammeln sich die Wasser?" Der Jünger erwidert: „Am tiefsten Punkt."

Der Meister: „Du hast gut geantwortet. Zur Sammlung kommst du, wenn du dich klein machst. Ganz unten, nur dort kannst du, leer von dir selbst, Gottes Fülle fassen. Erniedrige dich, demütige dich – dann bist du gesammelt vor Gott."

Der Jünger blickt erstaunt: „Gestern war ein anderer Jünger bei dir, und du hast ihm gesagt, Sammlung heiße auf den Berg steigen, Sammlung geschehe an der Spitze unseres Geistes."

Der Meister lächelt: „Wenn du Gottes Leben in dir aufnehmen willst, dann mußt du an den untersten Punkt. Wenn du Gottes Licht ungetrübt sehen willst, dann mußt du an den obersten Punkt. Du mußt alles hinter dir lassen, bis du selbst und die Welt dir nicht mehr den Blick verbauen."

Der Jünger wird unruhig: „Aber wie soll ich es nun wirklich halten? Soll ich zur Tiefe streben oder zur Höhe?"

Der Meister: „Es gibt *einen* Punkt, der ist ganz unten und ganz oben zugleich. Es ist der gegenwärtige Augenblick. Lebe nur in ihm, dann bist du klein wie ein Kind und groß wie die Ewigkeit. Sammlung geschieht im Augenblick."

II

Ein Jünger kommt aus dem Chor der Mönche. Der Meister sagt zu ihm: „War das nicht eine herrliche Liturgie?" Der Jünger antwortet: „Gewiß, Meister. Aber ich selbst konnte mich einfach nicht sammeln, ich versuchte, jedes Wort wach mitzuvollziehen; und da war ich am Schluß erschöpft wie jemand, der hinter einem fahrenden Wagen einherkeucht und ihn doch nicht erreicht." Der Meister sagt: „Die Texte und Gesänge, die Psalmen und Lesungen sind nicht ein fahrender Wagen, sondern ein Garten voller Blüten. Sei du der Schmetterling, der in diesem Garten einherfliegt und sich einmal auf diese, einmal auf jene Blüte setzt und verweilt. Das ist genug. Nur wer den Mut hat, nicht alles zu haben, hat das Ganze."

Das Organ des Betens

„Meister, mit welchem Organ meines Innern soll ich beten, um gut zu beten?" fragt ein Jünger.

„Nicht mit *einem* Organ, sondern mit allen zusammen, mit deinem ganzen Herzen. Alles andere ist vor Gott zu wenig", antwortet der Meister.

Tags darauf kommt ein anderer Jünger und stellt dieselbe Frage. Der Meister aber antwortet: „Mit keinem deiner Organe sollst du beten, sondern mit deinem Nichts. Erst wenn du nichts mehr hast und bist, wirst du so weit und leer, daß Gott selber sich dir schenken kann, der Gott, der aus dem Nichts dich erschaffen hat."

Am folgenden Tag wiederholt ein dritter Jünger die Frage. Und dieses Mal sagt der Meister: „Nicht mit einem dieser Organe sollst du beten, sondern mit Gott selbst. Er allein vermag in dir so zu beten, wie es gut ist. Der Gott in dir ruft den Gott über dir."

Am vierten Tag tritt ein weiterer Jünger vor den Meister: „Auf dem Weg zu dir bin ich nacheinander drei anderen Jüngern begegnet, und sie haben mir ihre eine Frage und deine drei verschiedenen Antworten erzählt." Darauf der Meister: „Die vierte gilt. Und in ihr gelten alle drei. Du sollst beten mit der Liebe. Nur die Liebe öffnet dein Herz; nur die Liebe macht dich leer und frei von dir selbst; nur durch die

Liebe wohnt Gott in dir. Dein ganzes Herz, dein Nichts, Gott selbst: dies alles wird eins in der Liebe. Nur die Liebe kann wahrhaft beten."

Herz – Zeit – Wort

Ein Jünger kommt zum Meister und sagt ihm: „Du hast einmal gesagt, daß es vor Gott mehr zählt, ihm das Leben zu schenken als die Worte. Er wolle alle Zeit meines Lebens und nicht nur einige Stunden. Ist es dann überhaupt gut, mit Worten zu beten und besondere Zeiten des Gebetes zu halten?"

Der Meister antwortet: „Ein Bräutigam sagt zu seiner Braut: ‚Ich habe viel zu tun. Aber alles, was ich tue, geschieht für dich!' Doch die beiden fanden keine Zeit, miteinander zu sprechen. Und als sie sich dann wieder einmal trafen, wußten sie einander nichts mehr zu sagen.

Wer für den anderen nur Worte hat, der hat für ihn kein Herz. Wer aber für den anderen ein Herz hat, der hat auch Worte für ihn. Wer mit dem anderen nur äußerlich die Zeit vertreibt, der liebt ihn nicht. Wer aber den anderen liebt, der schenkt ihm auch Zeit."

Nicht seine Gaben, sondern Ihn

Ein Jünger kommt erfreut zum Meister: „Heute habe ich gut beten können. Beim Gebet ist mir die Lösung für eine Frage eingefallen, die ich seit langem mit mir herumtrug."

Der Meister wiegt den Kopf: „Manchmal, wenn wir uns auf etwas anderes hin sammeln, werden die Kräfte unseres Geistes frei. Wir nehmen wahr, was wir nicht sahen, solange wir angestrengt nur auf diesen einen Punkt starrten.

Und doch, fürchte ich, hast du zu wenig empfangen.

Suche nicht den Strahl, sondern das Licht, nicht das Wasser, sondern die Quelle, nicht die Gabe, sondern den Geber. Nicht daß du etwas von Gott hast, ist die Frucht des Gebetes, sondern Er selbst. Nur wer ihn mehr sucht als seine Gaben, verliert nicht ihn, wenn er seine Gaben empfängt."

Gott richtet – Gott richtet auf

Die Jünger kommen zum Meister und fragen: „Wann, Meister, dürfen wir sicher sein, daß wir zu Gott in Wahrheit beten, wie wir sind?"

Der Meister antwortet: „Betet, bis ihr gerichtet werdet. Und betet weiter, bis ihr aufgerichtet werdet. Gerichtet und dabei aufgerichtet werden, das ist die Frucht des wahrhaftigen Gebetes. So erreichen wir im Gebet die Wahrheit unserer selbst vor Gott."

*

Ein anderes Mal kommen die Jünger und fragen: „Meister, erkennen wir uns im guten Gebet wirklich so, wie wir vor Gott sind?"

Darauf der Meister: „Nicht das ist entscheidend, daß ihr wißt, wie ihr seid. Wichtig ist, daß ihr wißt, daß ihr seid, wie Gott euch sieht. Und das könnt ihr im Gebet sehen: daß ihr gesehen seid von ihm, wie ihr seid. Kümmert euch nicht um euch, kümmert euch um Gottes Blick und laßt euch in diesem Blick versiegeln – dann seid ihr frei."

Unterscheidung der Geister –
Unterscheidung der Stimmen

I

Auch wenn du gut betest, mußt du dich fragen, ob sich in dein Gespräch mit Gott nicht auch andere Stimmen mischen, Stimmen, die der seinen zum Verwechseln ähnlich klingen – und doch nicht die seine sind.

Wie ist die Unterscheidung möglich?

Prüfe zunächst dich selbst: Bist du leer von dir, so daß du dich ganz eins machen kannst mit Ihm? Oder versuchen deine eigenen Wünsche, Vorstellungen, Anhänglichkeiten insgeheim Ihm das vorzusagen, was Er dir sagen soll?

Bist du nur aus auf sein ‚großes Wort' oder auch zufrieden mit dem Kleinen, Unscheinbaren, Alltäglichen?

Laß Gott dir das sagen, was Er will, so werden die Sinne deines Herzens rein, um Ihn zu vernehmen.

Dann aber vergegenwärtige dir Ihn:

Seine Stimme rät nicht zur Verzweiflung, zum Aufgeben, so fordernd und wuchtig sie auch wirkt.

Seine Stimme schmeichelt nicht; sie bestätigt weder deine Anhänglichkeit an dich noch an etwas, noch an andere.

Seine Stimme ist sich treu; sie setzt nicht das Wort seiner Wahrheit und seines Willens außer Kraft, sie nimmt nicht ihr Ja zurück und wacht eifersüchtig über dein Ja.

Seine Stimme ist je neu; sie ruft dich immer zum ersten Mal. Gott ist der Anfang bis zum Ende und zumal im Ende.

II

Du willst Seine Stimme kennenlernen?

Auch Samuel brauchte einen, der sie ihm erschloß (vgl. 1 Sam 3).

Wir aber haben Einen, der Gottes Stimme in der unseren erklingen läßt: das Wort, das unser Fleisch, unsere Stimme annahm.

In unseren Worten und mit unserer Stimme sprechen Gottes Wort und Stimme, und sein Geist erschließt sie uns.

Brauchen wir noch andere?

Der Herr hat sich unserem Herzen anvertraut. Wer ihn liebt, dem wird er sich offenbaren (vgl. Joh 14,21). Die reinen Herzens sind, werden Gott schauen (vgl. Mt 5,8) – und hören ihn jetzt. Die Reinen, die Liebenden sind Zeugen seiner Stimme.

Der Herr hat sich den Boten anvertraut, die Er sendet. Nur wenn wir auf sie hören, hören wir auf Ihn (vgl. Lk 10,16; Mt 10,40; Joh 13,20).

Der Herr hat sich dem Einklang unserer Stimmen anvertraut. Wenn wir zusammenstimmen in Seinem Namen, werden wir erhört und hören wir Ihn, der in unserer Mitte ist (vgl. Mt 18,19 f.).

III

Du willst Seine Stimme kennenlernen?

Gott hat eine doppelte Vorliebe: die Vorliebe für das Normale – die Vorliebe für das Unmögliche.

IV

Wie soll jener, der die klaren und kleinen Worte seiner Weisung im Alltag übergeht und überhört, die stille, aber mächtige Stimme seines Rufs erkennen?

Kennen wir uns?

Im Restaurant in einer fremden Stadt. Kein Tisch mehr ist frei. „Gestatten Sie?" Der einsam sitzende Fremde sagt achtlos sein „Bitte!". Wie sie auf das bestellte Menü länger warten, heben sich doch die in sich gekehrten Blicke und treffen einander. Nachdenklichkeit erwacht auf den Mienen. Habe ich den nicht doch schon einmal gesehen? Der Hinzugekommene riskiert das Wort: „Kennen wir uns?"

Und hier können die unterschiedlichsten Fortsetzungen anheben.

I

Wartet nicht auch auf uns diese Szene bei jener einzigen Reise, die jedem von uns mit Sicherheit bevorsteht? Wir werden Platz nehmen müssen an jenem Tisch, an dem noch ein Platz frei ist. Wird uns auffallen, daß wir den anderen, der hier sitzt, kennen? Werden wir entdecken, daß, vielleicht hinter tausend Schleiern, doch bei jenen armseligen Anläufen des Gebetes sein Antlitz es war, das wir suchten? Wird er uns sagen können, daß er uns kennt aus jener verborgenen Begegnung mit dem Geringsten?

„Dein Antlitz, Herr, will ich suchen!" Er kennt uns, wo wir lieben; wir kennen ihn, wo wir beten.

II

Als ich einige Zeit nach meiner Bischofsweihe eine der Abteien des Bistums zum ersten Mal besuchte, begrüßte mich die alte Äbtissin: „Ich kenne Sie gut." Ich war überrascht und suchte in meinen Erinnerungen – vergebens. Die Äbtissin: „Wenn man soviel für einen betet, dann kennt man ihn."

Hindernisse des Gebetes

Die Jünger fragen den Meister: „Wo liegen die schwersten Hindernisse des Gebetes?"

Der Meister antwortet: „Im Urteil, in der Selbstgefälligkeit, im Mißtrauen."

„Erkläre uns das!" bitten die Jünger.

Darauf der Meister: „Wer im Herzen ein Urteil über einen anderen trägt und nicht bereit ist, dieses Urteil von Gottes Liebe ausreißen zu lassen, der nimmt in seinem Herzen Gott sein Gottsein und seine grenzenlose Liebe weg. Wie kann der reinen Herzens Gott anschauen und von Gott allein alles erwarten?

Wer sich nicht löst von dem Guten, das er in sich selber findet, wer den Blick statt auf Gott auf sich selber richtet, wer bei sich und seinen Vorzügen stehenbleibt, der wendet das Auge wiederum nicht Gott so zu, daß Gottes Auge ihn treffen und mit seinem Licht erfüllen kann.

Wer sich zu Gott erhebt, dabei aber die Frage in sich zurückbehält, ob Gott ihn wirklich erhören wolle, der spaltet sein eigenes Herz, und die Gnade, die Gott ihm schenken will, rinnt durch dieses Herz hindurch, verläuft sich ins Leere."

Die Jünger fragen weiter: „Was können wir tun, um diese Hindernisse auszuräumen?"

Der Meister antwortet: „Bemüht euch mit ganzer Kraft. Aber das allein genügt nicht. Nehmt eure Urteile, eure Selbstgefälligkeit, euer Mißtrauen mit hinein ins Gebet, schenkt sie Gott, daß er sie verwandle."

Der Gott, der Wunder tut

Manchmal schien es uns einfacher, Gott täte überhaupt keine Wunder; denn wenn er Wunder wirkt, dann begreifen wir nur so schwer, warum er sie oftmals nicht wirkt, warum der Himmel so oft verschlossen zu bleiben scheint über schreiender Not.

Sollen wir um das Wunder bitten?

Schauen wir auf Jesus. Wir können, bei allem Ernstnehmen des Sinnbildhaften und Weltbildhaften auch in den Texten der Evangelien, an der Tatsache nicht vorbei, daß er sich selbst als einen verstand und unmittelbar als einer verstanden wurde, der Gottes Taten vollbringt, der wirkt, was der Mensch aus sich nicht wirken kann. Er setzt die Zeichen der kommenden Gottesherrschaft, er sagt uns zu und beglaubigt durch sein Handeln, daß Gott es nicht bei der Übermacht des Bösen und der Vergänglichkeit belassen, sondern sein Reich heraufführen will. Der Finger Gottes ist in ihm da, die Macht Gottes reicht in ihm herein in unseren Erfahrungsraum. Aber die Zeichen und Wunder Jesu sind nur die Morgenröte, sie sind nicht der Sonnenaufgang der Gottesherrschaft. Diesen erfahren wir anderswo: in der größten Katastrophe und dem größten Wunder zugleich, in der größten Ohnmacht und Macht Gottes zugleich, im Geschehen des Pascha, in Kreuz und Auferstehung. Erlöst sind wir erst dort, wo der Sohn Gottes unsere Schuld ausleidet und unseren Tod mitstirbt, wo er von unten und innen her unser Nein zu Gott und Gottes Abwesenheit aus dieser Welt „aufarbeitet" in der Liebe, über die hinaus eine größere nicht gedacht werden kann. Und erst diese Liebe, die untergeht, siegt.

Die Wunder werden dadurch nicht überflüssig, sie sind nicht Zierat des Eigentlichen und Konzession an unser Sehen- und Greifenwollen. Gott zeigt uns, bis wohin seine Macht und seine Liebe reichen, die uns ganz und nicht nur im Höchsten und Innersten beschenken, erlösen und verwandeln will. Und sie setzt uns darin auch für unser Tun, für unseren Einsatz in der Welt ein Maß: Hoffnung auf das letzte Heil entbindet nicht vom Wirken für das nächste Heil, will sagen vom nächsten Schritt, der dem Menschen in seiner unmittelbaren Not hilft und das Unheile, soweit es nur geht, verbannt und verwandelt. Aber dieselbe Liebe, die uns handeln heißt, läßt uns auch Gottes Wunder erhoffen und erbitten, und sie befähigt und führt uns über alle Wunder hinaus zum größeren Wunder der gekreuzigten Liebe. Wir müssen um dieses Wunders willen nicht die Wunder aus dem Leben Jesu und aus unserem Leben herausstreichen. Diese Wunder aber verstehen wir umgekehrt nur dann recht, wenn sie uns nicht lähmen, sondern beflügeln, das größere Wunder des Paschageheimnisses auch in unserem Leben und in unserer Welt zu ergreifen.

Vielleicht wird dies konkreter an der Erfahrung eines jungen Menschen. Er kam, sozusagen wider Willen, mit einer Pilgerfahrt nach Lourdes, voll von

Reserven und Unsicherheiten. Die Wallfahrt jugendlicher Kranker, das Gebet dieser Menschen in einem vollen und tiefen, aber nicht berechnenden Vertrauen an der Grotte überwältigte ihn. Er selbst, der sich nicht nur mit dem Problem Lourdes schwertat, sondern mit dem Glauben insgesamt immer wieder seine Not hatte, faßte sich ein Herz und betete: „Könntest du nicht auch mir einen Glauben geben, der nie mehr wankt, der immer seiner selbst sicher bleibt?" Aber da geschah es ihm, daß er es wie eine Antwort erfuhr: „Bitte nicht um dieses, sondern bitte um Licht jeweils für den nächsten Schritt; das wirst du erhalten, und es wird dir genügen!" Und von jenem Augenblick an setzte die Heilung seines Glaubens ein.

WAS IST BETEN?

Beten heißt: sprechen mit Gott

Was tut not, daß unser Sprechen mit Gott gelingt?

Drei Dinge. Das erste: das Wort leben. Das zweite: beichten. Das dritte: die Keckheit des Evangeliums.

Das Wort leben. Wenn ich eine Sprache nur in der Schule oder nur aus Wörterbüchern lerne, dann ist es nicht dasselbe, wie wenn ich unter Menschen, im Lande und in der Landschaft lebe, wo diese Sprache im Alltag gesprochen wird. Damit ist nichts gegen neue Methoden gesagt, die ein Stück dieser Erfahrung auch auf Distanz erschließen wollen. Aber im Ansatz bleibt es so: Sprache gelingt, wo in ihr gesprochen wird, sie gelingt im Mitsprechen, im Bezugsfeld. Gott hat unsere Sprache sprechen „gelernt", indem das Wort Fleisch wurde und unter uns gewohnt hat. Und wir können die Sprache Gottes sprechen lernen, indem wir sein Wort leben, die Fleischwerdung des Wortes miteinander nachvollziehen, das Evangelium im Leben und das Leben durch das Evangelium buchstabieren. Wer Erfahrungen mit dem gelebten Wort hat und sie mit anderen teilt, der spricht nicht *über* den Glauben, sondern in dem wird der Glaube sprechen – und so kann er sprechen zu Gott, sprechen mit Gott.

Beichten. Erst wer sich selber gibt, erreicht den anderen. Mich selbst ganz, mich selbst im Ernst zur

Sprache bringen vor Gott, wie soll das gelingen, wenn ich meine Grenze, meine Schwäche, meine Schuld einschließe in die Stummheit, wenn ich nicht die Schwelle zu nehmen bereit bin, die dazwischenliegt, mich selbst als Sünder vor Gott und um Gottes willen dem Bruder anzuvertrauen? Beichten ist der Ernstfall und Testfall meiner Auslieferung, meiner Offenheit. Wer dem Bruder beichtet, kann zu Gott beten. Wer dem Nächsten seine Schuld sagt, kann Gott seine Liebe sagen.

Die evangelische Keckheit. Es ist merkwürdig, daß diese Tugend – ich bin versucht, sie „die Tugend der Frechheit" zu nennen – in den Tugendkatalogen fehlt, wo sie doch so oft im Evangelium belobigt wird. Die aufdringliche Syro-Phönizierin (vgl. Mk 7,25–30), die blutflüssige Frau, die sich an Jesus heranmacht (vgl. Lk 8,43 f.), der Gelähmte, den die Freunde durch das Dach herunter Jesus vor die Füße legen (vgl. Mk 2,1–12), Zachäus, der sich nicht geniert, auf den Feigenbaum zu steigen (vgl. Lk 19,4) – und dann die Gleichnisse von der unbequemen Witwe (vgl. Lk 18,1–8) und dem zudringlichen Freund (vgl. Lk 11,5–8), wogegen das andere Gleichnis vom Pharisäer und vom Zöllner keinerlei Widerspruch bedeutet (vgl. Lk 18,9–14).

„Abba" ist ein Wort der Umgangssprache. Sprechen kann, wer sein Herz wagt, wer sich exponiert und blamiert – nur der lernt auch eine Sprache wahrhaft sprechen. Um vor Gott sprechen zu lernen, heißt es Kind zu werden, sich ihm „zuzutrauen".

Das Wort leben – beichten – vor Gott „sich getrauen": so löst der Geist die Zunge, und wir sagen mit Jesus: „Abba, lieber Vater!"

Beten heißt: wohnen in Gott

Wir lächelten als Oberprimaner über den zweifellos sehr gutwilligen und eifrigen Lehrer, der die Idee hatte, wir sollten morgens beim Eintritt in die Schule an ihm vorbeigehen und, jeder einzelne, ihm ins Auge schauen. Personale Beziehung ist wunderbar, aber sie läßt sich eben nicht „herstellen".

Es gibt nicht nur die Erfahrung eines Sartre, der sich vom „Auge Gottes", das ihn überall aufspürte, durchbohrt und verfolgt fühlte, es gibt auch und vermutlich noch viel häufiger die andere Erfahrung, daß dieses Auge Gottes wie stumpf erscheint, unsern Blick nicht in das Herz Gottes hineinzieht und unser Herz nicht trifft, entzündet, ins vertraute Gespräch hinein „abholt".

Es ist gut, dann zu wissen, daß es auf Gefühle und Erfahrungen nicht ankommt, sondern daß Gott da ist und unsere schlichte Bereitschaft, vor ihm dazusein, annimmt. Das nüchterne, ja sogar das trockene Gebet in der herben Treue des Durchhaltens ist kostbar, ist oftmals kostbarer als das „getröstete" Gebet, das die Versuchung mit sich bringt, mehr die Tröstung zu suchen als den, der tröstet.

Und doch, das nicht treffende und weckende Auge Gottes, die nicht aufspringende Schale unseres Herzens – das kann quälen und beirren.

Aber vielleicht ist Trockenheit oder Trost nicht einmal die entscheidende Frage. Das Auge Gottes kann auf noch andere Weise zum Problem für unser Beten werden. Auch wenn unser Glaube durchaus den lebendigen, unmittelbaren, göttlichen Gott sucht und nicht ihn heimlich ersetzt durch das Gedankenkonstrukt eines fernen Weltarchitekten oder eines undeutlichen Weltgesetzes oder Weltgeheimnisses, kann es eine rational kaum aufklärbare Not geben, die sich scheut oder besser: die einfach den Ansatz nicht findet, so auf du und du diesen Gott anzusprechen. Er ist da, er gehört zu unserem Lebensraum, aber – ich greife auf den Anfang zurück – ihm ins Auge zu schauen, das gelingt einfach nicht. Wir artikulieren uns im Gebet, wir ahnen auch, daß er uns etwas sagen will, aber diese beiden Linien gehen sozusagen in der Schräge am Antlitz des je anderen vorbei, rasten nicht ein in jenem inneren Zentrum, das unmittelbare Beziehung hinüber und herüber stiftet; zumindest wird solche Beziehung nicht ergreifbar, dringt sie nicht unmittelbar in unser Leben ein.

Ich glaube, daß hier indessen nichts verbaut und verwirkt ist. Es wäre aber auch zu wenig, uns damit zu vertrösten: Es ist nun einmal so, und der fremde und dennoch in seiner Fremde nahe Gott weiß das und nimmt es an. Dieser Gedanke ist nicht falsch, er muß sogar sein, wir dürfen ihn nicht verdrängen. Aber aller Vermutung nach will Gott uns weiterführen.

Die vielleicht häufigste und in mancher Richtung auch zutreffendste Begriffsbestimmung des Betens lautet: Beten ist sprechen mit Gott. Ebenfalls häufig und ebenfalls zutreffend wird gesagt: Beten heißt die Seele zu Gott erheben. Aber das ist es doch gerade, wir werden oft die Sprachlosigkeit vor Gott nicht los, und oft klebt die Seele uns am Boden, sie läßt sich nicht emporziehen, sie schwingt sich nicht auf. Wie soll ich es machen, mit dir zu reden, ohne daß meine Worte Geschwätz, Routine, rührender Versuch ohne Entsprechung zur handfesten Wirklichkeit meines müde und stumm bleibenden Herzens würden?

Ich gehe da zwei Wege, die in einen dritten münden oder besser, die sich in einem dritten, zugrunde liegenden getragen und geborgen finden. Zunächst: Ich erinnere mich an Augenblicke, Erkenntnisse, Erfahrungen, Grundentscheidungen meines Lebens, in denen ich angerührt wurde von Gott. Vielleicht ging es mir auch damals so, wie es dem Mose erging: er durfte Gott nicht ins Antlitz schauen, sondern sah nur ihm hinterdrein, als er vorüberzog. Aber dennoch weiß ich: In jenen Augenblicken, Erkenntnissen, Erfahrungen, Grundentscheidungen war er da. Und diese Punkte meines Lebens zählen mehr, auch wenn die Linien darum herum vielmehr ins Auge fallen und diese Punkte wie mit einem Netz überdekken. Ich darf, ich muß, vom inneren Rang dieser Ereignisse her, ihnen treu bleiben. Sie sind „Großtaten Gottes", die mir eine Pforte eröffneten, und durch diese Pforte kann ich eintreten. Im Rückgriff auf damals kann ich auch jetzt, vielleicht sehr nüchtern, vielleicht mit bebendem, beschämtem Herzen, aber eben doch ehrlich sagen: du. Ich trete durch diese Begegnungen, durch diese Taten Gottes ein in einen Raum, in welchem Gott wohnt – und mein Beten kann geschehen als Wohnen in diesem Raum. Ja, es ist ganz wichtig, daß ich diesen Raum immer wieder betrete, daß ich mich, noch so schwach und unkonzentriert, so befangen und erschöpft, hineinhalte in diesen Raum. Er *ist* der Raum meines Lebens. Und wenn ich dort verweile, dann werden Gottes Worte wieder sprechend, und mein Sprechen geht, hat Sinn, ich traue ihm zu, daß es Gott etwas sagt, auch wenn mir selbst meine Worte unbeholfen oder fremd oder „uneigentlich" klingen.

Der zweite Weg liegt nahe beim ersten. Aber die Begegnungen mit Gott, die Taten Gottes, welche da zur Pforte werden in den Raum seines Wohnens und meines Wohnens bei ihm, sie sind nicht aus dem engen Raum meines eigenen Lebens genommen. Ich lebe ja nicht nur mit mir allein. Ich lebe mit Zeugen. Und Zeugnisse gehen unter die Haut, dringen ein, gehören zu mir, sind so real wie das, was ich in mir selber aus mir selber finde oder außer mir betasten und beschauen kann. Was wären wir ohne die Zeugnisse, ohne die Erweiterung unseres eigenen Sicht- und Herzensraumes aus dem Sehen und aus dem Herzen anderer! Und wenn ich die vielen Zeugnisse, die um mich sind, wäge und prüfe, dann geht mir einfach auf: Jene, die von Gott sprechen, weil sie mit Gott sprachen, sagen mir mehr vom Leben, von der Wirklichkeit, vom Menschen, von mir als die anderen. Sie sprechen mir etwas zu, das zu mir selbst gehört. Ich kann mich einlassen in die großen und vielleicht manchmal noch mehr in die kleinen Heiligen. Die verborgenen Glaubenden, die Treuen, die Beter, sie nehmen für mich die Stelle jener Männer ein, welche die Bahre des Gelähmten auf das Dach des Hauses schleppten, in dem Jesus predigte. Und durch sie kann ich sozusagen von oben her einsteigen in seinen Lebensraum; sie helfen mir, bei ihm zu wohnen. Ich spreche dann, getragen von ihnen, angelehnt an ihre Worte, gestützt auf ihr Zeugnis – und lerne mich selbst von ihnen, buchstabiere stammelnd ihre Worte nach, bis daß sie den Klang meines Herzens erhalten.

Beide Wege aber weisen über sich hinaus oder besser: hinter sich zurück in *den* Weg.

Ja, *der* Weg und *die* Tür ist Jesus selbst. Was er vom Vater sagt, wie er zum Vater geht, wie er mich hineinnimmt in sein Gehen zum Vater – das ist es, worauf ich mich verlasse. Ich glaube; ich lebe mit Ihm; sein Wort ist mir maßgebend, und es zur Grundlage meines Lebens nehmend, nehme ich teil an seinem Verhältnis zum Vater. Sein Geist wirkt etwas in meinem Leben, wendet Bedrängnis um in Hoffnung, Angst in Zuversicht, Vorbehalt in Liebe, Flucht in Zuwendung, Nein in Ja. Unvollkommen, bruchstückhaft, immer neu vernebelt von der Wolke des Ich und der scheinbar stärkeren Realitäten, nichtsdestoweniger aber immer wieder sich durchsetzend und als stärker erweisend ist Er da. Und dieses sein Dasein in meinem Leben und mein Dasein in seinem Leben, sein Verhältnis zum Vater, an welchem ich teilhaben darf in seinem Geist, das verdichtet sich am Kreuz.

Da hat er alles von mir und alles von denen neben mir und alles von jenen, die weit weg sind von mir, in sich hineingenommen. In Ihm, in seinem Kreuz, in seinem Schrei der Gottverlassenheit, in seinem Verstummen finde ich alles, was ich überhaupt nur finden kann in mir und in den anderen und in der

Welt. Ich finde auch meine Sprachlosigkeit, meine Gottferne, alles. Seine Wunde ist die Tür, in seiner Wunde ist *Er* die Tür und der Weg. Aufsteigen, das kann ich nicht, wenigstens nicht aus mir selbst. Aber fallen kann ich. Und wenn ich falle, dann falle ich in ihn, ich bin unterfangen von seinem Kreuz und seiner Verlassenheit. Aus ihr bricht der Geist auf; von ihm her, der mich auffängt und trägt, eröffnet sich der Raum; ich bin drinnen im Raum zwischen ihm, dem Gekreuzigten und Verlassenen, und dem Vater in dem Geist, der seiner Wunde entquillt.

Ich weiß, der Gekreuzigte ist auferweckt, der Vater hat ihm durch seinen Geist sein ewiges Leben, unser ewiges Leben in Herrlichkeit verliehen. Aber die Wunde bleibt in der Verklärung, ich bin drinnen, mein Tod und mein Leben, meine Vergangenheit, Gegenwart und Zukunft sind drinnen in ihm.

Beten heißt: sich fallenlassen in den Sohn und von ihm sich tragen lassen im Geist zum Vater. Beten heißt: sich hineingeben in das Gespräch zwischen Sohn und Vater im Geist, diesem Gespräch beiwohnen, im Sohn zum Vater sprechen können und in ihm aus dem Geist das eigene Herz und das eigene Wort erlernen, auf daß es sich öffne zum Vater.

Dieser Raum des Gebetes ist kein Sonderraum neben dem Leben, sondern ist das Leben. Wo bin ich? In allem, was ich tue und bin, bin ich angenommen von ihm, der für mich Mensch wurde, übernommen von ihm, und wenn er mein Leben so ganz mit mir teilt, dann ist mein Leben drinnen in seiner Beziehung im Geist zum Vater. Das ist mein Lebensraum. Im Glauben an ihn glaube ich im Grunde genau dies – und Gebet wird einfach die Transparenz, die Offenheit und Offenbarkeit dieses Raums. Ich bin im Beten erst, wo ich wahrhaft bin.

Aber ist es nicht ein entlegener, hoher, steil aufsteigender Gedanke, ganz weit weg von meiner Sprachlosigkeit, von meinem Nicht-reden-Können zu Gott? Im Gegenteil. Wenn Jesus mir nicht nur Beispiel und Appell ist, sondern Erlöser, Bruder, Sohn Gottes, der mein Menschenleben angenommen hat, wenn ich mich in ihm finde, mein Leben und meine Lasten von ihm geteilt und getragen sind, dann bin ich in meinem Glauben einfach „drinnen" in ihm. Er aber ist nicht ein Punkt, ein in sich geschlossenes Individuum, sondern er ist dieses Leben vom Vater her und auf den Vater zu. Er ist es nicht nur im „Es war einmal" seiner Geschichte von damals, sondern er ist dies hier und jetzt, heute, er ist es durch Tod und Auferstehung hindurch. Und so wird mein Leben gerade in seiner Ohnmacht, sich über sich selber hinauszuheben, in seiner Schwäche, von mir aus ins offene Auge Gottes zu schauen, der Anfang des Gebetes. Ich lasse mein Nicht-beten-Können ihm – und in ihm wird es zum Gebet. Ich werde da nicht plötzlich beredt vor Gott, mir werden nicht meine Grenzen und Schwächen hinweggenommen, aber mit ihnen bin ich ge-lassen, drinnen, ich wohne im Haus des Vaters, zwischen Sohn und Vater im Geist. Ich gehe hier sozusagen umher, wende mich da und dort hin, halte mich auf, höre zu, spreche mit. Und vielleicht, ja Schritt um Schritt gewiß werde ich still und entdecke in seinem Wort, daß es das meine ist: Abba, Vater!

Beten heißt: schweigen

I

Schweigen als bloße Übung der Konzentration ist noch nicht Gebet, wohl aber kann es zur wichtigen Vorstufe des Gebetes werden.

Es gibt aber auch ein Schweigen, das Beten ist.

Genauer genommen, gibt es drei Stufen des Schweigens, die Beten sind, zumindest diese drei.

Zunächst: Schweigen wird zum Beten, wo ich mich so ins Schweigen hinein sammle, daß ich selber ganz und gar *Wort an Gott* werde. Wort, das nicht mehr dies und jenes sagt, sondern mehr als alle Worte, einfach mich und in mir alles.

Sodann: Ich kann Schweigen werden, nicht mehr um mich selber Gott zu sagen, sondern um in diesem Schweigen mir von Gott gesagt zu werden. Mein Schweigen, das bin ich – verschwiegen, Schweigen geworden, werde ich hier zum Wort, in welchem Gott mich mir schenkt. Ich verstumme in Gottes mich erschaffendes, erlösendes, liebendes Wort hinein, das mir nicht mehr dieses oder jenes, sondern mich selber sagt: Ich – *Wort Gottes an mich*.

Schließlich: Schweigen, darin kann ich selber als Wort an Gott und als Wort von Gott nochmals mich lassen müssen, Schweigen sozusagen in zweiter Potenz werden, damit Gott nur noch schweigend sich selbst mir sage und ich so – in aller anbetender Unterschiedenheit – nichts mehr bin als das Wort, in dem *er selber* sich mir sagt, er, der je unendlich Größere als ich und so gerade Leben meines Lebens. Aus diesem letzten Schweigen, das nur noch Gott Wort an mich sein läßt, wird das Wort, das Gott ist, in mir zum Wort Gottes an Gott. Ich bin durch seinen Geist hineingenommen in die Anbetung des Sohnes zum Vater – und bin so das Schweigen, das *als* Schweigen ganz geeint ist und ganz unterschieden von diesem Wort, das sich dem Vater schenkt.

Aber: Wird nicht hier gerade das Wort brüchig, das solches verlauten läßt, unser Wort, das davon spricht? Und doch: „An jenem Tage werdet ihr erkennen: Ich bin in meinem Vater, ihr seid in mir, und ich bin in euch." (Joh 14,20).

„Jener Tag" bricht an, wo wir, von ihm gerufen, mit uns selber hindurchgehen durch seine Nacht, die Nacht des Karfreitag.

II

Die Stummheit brechen, die Sprachlosigkeit überwinden, das ist keineswegs schwerer als das andere: still werden, das Gewirr der Stimmen verklingen lassen in den reinen Ton des Schweigens.

Sicher, dieses Stillwerden ist Voraussetzung, daß Gebet mich enthalte, mir gelinge. Aber was soll ich tun, um diesen Grund, der mein Beten allererst trägt, zu erreichen? So sehr es gilt, daß ich still sein muß, um beten zu können, so gilt doch noch zuvor: Ich muß beten, um still zu werden.

Doch wie geht das? Ich darf Ihm sagen: Höre

durch die vielen Stimmen in mir hindurch auf die eine Stimme meines Herzens, die ich selbst nicht höre! Schaue mit dem Auge deiner Liebe durch die Regungen und Bewegungen, die den Grund meines Herzens bedecken, so daß ich ihn nicht wahrnehmen kann, hindurch bis auf den Grund! Höre auf den, der ich bin, auch wenn ich der nicht bin; schaue auf den, der ich bin, auch wenn ich der nicht bin. Und so werde ich der sein.

Vielleicht verstummen die Stimmen nicht, vielleicht verebben die Wogen nicht – aber in ihnen, unter ihnen bereitet sich das Schweigen, der Friede, der größer ist als ich und mich trägt.

III

Nicht ohne Grund ist dies die vielleicht am häufigsten erzählte Gebets-Geschichte: Der heilige Pfarrer von Ars trifft immer wieder in der Kirche einen schlichten Bauern aus seiner Gemeinde an, wie er vor dem Tabernakel kniet und, ohne die Lippen zu bewegen, stundenlang dort verharrt. Er fragt ihn: „Was tust du hier die ganze Zeit?" Und er antwortet: „Ganz einfach. Er schaut mich an und ich schaue Ihn an."

Daß Beten Schweigen ist, daß Schweigen Beten wird, das geschieht in unvergleichlicher Dichte vor dem Tabernakel.

Das Wort ist Fleisch geworden. Ja, wir dürfen sagen: Das Wort ist Brot geworden. Der Herr, der sich für uns in den Tod gibt und in der Eucharistie den Weg findet, daß dieser Tod Leben ist, daß aus die-

sem Tod er selber da ist, bei uns ist als der Lebendige, so daß wir von ihm leben können – dieser sich
in der Eucharistie verschenkende Herr bleibt da, sozusagen im „Wartestand", um zu jeder Stunde hinge-
tragen und ausgeteilt zu werden an den, der krank
ist, der ihn als Wegzehrung braucht. Und vor ihm,
dem Brot-Gewordenen, darf ich verweilen, in ihn
darf ich mich hineinhalten.

Der Tabernakel, in dem er wartet und sich hinhält,
wird zum brennenden Dornbusch, zur Stätte, an
welcher Gott seinen Namen offenbart: „Ich bin der
Ich-bin-da." (Ex 3, 14) Jahwe hat diesen Namen dem
Mose mitgeteilt, hat in ihm seinem Volk zugesagt,
mit seinem Dasein für Israel die Geschichte und den
Weg des ganzen Volkes im vorhinein zu umfangen.
Er hat zugesagt, immer neu für sein Volk immer derselbe zu sein. Sie können sich auf ihn verlassen, aber
nicht sozusagen ihn im Rücken lassen, um dann mit
seiner Kraft selber Zukunft zu planen und herzustellen; nein, der Weg geht anders. Auf sein Wort hin
weitergehen, glaubend sich auf ihn allein verlassen,
auch in das Nichts, an die Mauer, in die Unmöglich-
keit hinein weitergehen – und glauben, daß Er da
sein und alles wenden, auffangen, gutmachen wird.
Nicht dies oder jenes wird die Zukunft Israels sein,
sondern einfach Er – Er wird immer noch und immer
neu da sein.

Wo ist dies ganz eingelöst? Im gekreuzigten Dasein des Sohnes Gottes, der unsere ganze Geschichte, das Schicksal eines jeden einzelnen und
von uns allen, in sich auffängt und umfängt. Dort,
wo dieser für uns in den Tod Gegebene als der Lebendige sich hinhält und da ist: in der Eucharistie.

Ich darf hingehen zum Tabernakel, so wie ich bin. Beladen mit Ängsten, Unsicherheiten, Zerstreuungen, Verwirrungen, Hoffnungen. Ich darf mich mitbringen – hin vor das Brot, das er ist. Er wird mir keine großartigen Antworten geben, aber immer ein Wort bereithalten: „Ich bin da!"

„Wie soll es mit mir weitergehen, wo alles so unsicher ist?" „Ich bin da."

„Ich weiß nicht, was ich in dieser schwierigen Situation, die nachher auf mich zukommt, antworten, wie ich reagieren, wie ich mich entscheiden soll." „Ich bin da."

„Herr, was willst du, das ich tun soll? Welches ist mein Ruf?" „Ich bin da."

„Ich weiß nicht, ob ich mir selber trauen soll, ob ich dem trauen soll, daß ich jetzt vor dir da bin. Suche ich nicht im Grunde nur mich?" „Ich bin da."

„Herr, da ist mein Nächster, den ich nicht verstehe und der mich nicht versteht. Ich kann die Brücke einfach nicht schlagen. Ich pralle immer wieder an ihm ab – und vielleicht bin ich doch selber schuld daran." „Ich bin da."

„Kannst du nicht diesem geliebten Menschen, vor dessen Kreuz ich wehrlos stehe, Rettung und Hilfe anbieten?" „Ich bin da."

Und wenn so alles in mir laut wird und still wird in Ihn hinein, der da ist, da wie ein Stück Brot und im Stück Brot, dann gerinnt langsam und leise auch in mir etwas Neues. Ich werde mit meinem Dasein sagen lernen: „Ich bin da." Ich werde Brot sein können, von dem andere leben. Ich werde Ikone und Sakrament dessen werden, der es mir im Brot sagt und dessen heiliger Name es ist: „Ich bin da."

Dem Herrn „aufs Dach steigen"

Daß Beten heiße dem „Herrn aufs Dach steigen", ist mir mehr als eine aparte Formulierung, wenn ich an die Beziehung zwischen meinem Gebet und jener Geschichte vom Gelähmten denke, der von anderen auf der Bahre zu Jesus getragen wird – und als sie nicht zu ihm gelangen, steigen sie dem Herrn aufs Dach und gewinnen die Nähe zum Herrn auf diesem kühnen Umweg. Als er *ihren* Glauben sah, sprach er zu *ihm* (vgl. Mk 2,5).

Ich komme so an das heran, was meinem Beten – nicht im Sinne der theoretischen Begründung, sondern des Vollzugs – die Fürbitte der Heiligen, die Gemeinschaft mit den Heiligen sagt. Ich glaube, das „sein Leben in Gott vollenden" heißt: Bei ihm nicht nur in der Schau, sondern in der Liebe sein, die er ist. Und wer in der Liebe ist, wer bei dem Gott ist, der die Liebe ist, der ist bei denen, die Gott liebt. Und darum will er, daß die Liebe geliebt wird, wie es Franz von Assisi in einem berühmt gewordenen Ausruf formulierte. Die Heiligen packen an, wo wir gelähmt uns nicht zum Herrn bewegen können. Ich kann ihnen sagen: Fragt mich! Und sie tun es, und mit ihnen steige ich sozusagen von oben in den Raum, in welchem der Herr wohnt.

Hier setzt freilich ein nicht ungewichtiges Aber

ein. Braucht es das überhaupt? Sieht der Herr mich nicht unmittelbar? Liegt nicht ihm sélber an mir? Die Heiligen und ihre Fürbitte, das hat nichts mit Beamtenhierarchie, mit Stufenleiter zu tun, um an den höchsten Herrn, der ansonsten unnahbar wäre, heranzukommen. Nein, Gott ist anders. Aber weil er anders ist, weil er Liebe ist, die sich mitteilt, sich neigt, sich verströmt, deshalb will er nicht allein alles tun, sondern er handelt allein dadurch, daß er so viel wie möglich mit uns gemeinsam tut. Die Liebe ist größer, wo sie nicht nur dem anderen sich schenkt als Gabe, sondern wo sie dem anderen schenkt, schenken zu dürfen.

Ich finde es reicher und schöner, ich bin mehr bei Gott allein, wenn ich mich hineingebe in die Weite und Fülle seiner Liebe, die im Himmel und auf Erden lebt.

Gebet ist Schrei

Nirgendwo verdichtet sich Gebet bis zum Innersten und Äußersten wie in Jesu Sterbegebet. Der Schrei der Gottverlassenheit, mit welchem der 22. Psalm anhebt, hat Jesus in die Todeshingabe an den Vater geleitet. In diesem Schrei wird alles das, was nicht Gebet ist, Gebet. Der sich selbst hineinhält in die äußerste Ferne von Gott, um sie in sich zum Vater zu tragen, er „betet" die Verzweiflung, die Gottesferne der Menschheit, er „betet" alles Warum, ja allen Protest der Menschheit und erlöst so allen Aufschrei ins Gebet hinein.

Daß er, der Gerechte, für uns zur Sünde (vgl. 2 Kor 5,21), zum Fluch (vgl. Gal 3,13) geworden ist, wird hier greifbar. Aber es wird greifbar in seinem – Gebet.

In diesem Gebet liegt eine Erlaubnis und eine Berufung. Die Erlaubnis, alles, was in uns brüllt und schreit, alles, was in uns „warum" fragt, alles, was in uns nicht Gott ist, zu „beten", in den Todesschrei Jesu hineinzugeben. Gebet wird eine universale Möglichkeit, ohne Grenzen.

Hier aber ist zugleich ein Ruf an uns, eine Berufung für uns. In allem Schrei, in aller Gottferne in uns und um uns dürfen wir dem begegnen, der dies angenommen und in Gebet verwandelt hat. Wir begegnen hier der Liebe, die vor nichts zurückschreckt, der Liebe, über die hinaus eine größere nicht gedacht werden kann. Und so sind wir gerufen, dieser Liebe zu antworten. Genau dort, wo aus Gottes Liebe zu uns unsere Gottferne zum Gebet an den Vater wird, hebt der Brautgesang der Erlösten, das Brautlied der Kirche an. Hier wächst der Dank an die Liebe, der Lobpreis der Liebe jenes „Da-bin-ich!" einer Bereitschaft ohne Grenzen, aus Liebe seine Liebe zu teilen und weiterzutragen.

Schrei dich hinein in seinen Schrei! Danke seinem Schrei, danke seiner je größeren Liebe mit dem Lied deiner je größeren Liebe!

Gebet ist Gesang

„Ja, so heißt es!" Das muß man sagen können, wenn man sich die Interpretation eines Musikstücks allein oder mit anderen erarbeitet hat. Eine innere Stimmigkeit muß erreicht sein, die Schlacken wollen weggebrannt, die Details ans Licht gehoben, die Vielheit in den einen Guß und Klang und Bogen geschmolzen sein. Alles gilt es einzusetzen – aber das ist noch nicht alles. Das eigene Tun muß sich loslassen an das Werk, an seine eigene Gunst, an seinen eigenen, je unerhörten Klang. Neues muß sich schenken können. Dieses Neue läßt sich nicht zwingen – und doch „braucht" sein Geschenk, daß der Musizierende alles, sich selbst geschenkt hat.

Solch äußerstes Maß ist die Beunruhigung, die insgeheim das Musizieren spannt und erregt, quält und beseligt zugleich. Und solches Maß der Musik spannt und erregt, „quält" und beseligt auch das Betenwollen: Menschen setzen das Letzte ein, damit Musik erklingt und gelingt – und es ist gut so. Aber warum gebe ich nicht genauso das Letzte drein, wenn ich mein Leben Ihm sage, warum singe ich mein Leben nicht Ihm? Ist mein Gebet die Musik meines Lebens, ist es jener Gesang, der, auch wenn ich nicht singe, einstimmen kann in den Chor der Engel? Singe dich, singe Ihn, laß dich singen von Ihm *in* dir, der sich *über* dir sucht! Das ist Gebet.

Beten heißt: kämpfen

I

„Jakob kämpft mit dem Engel (vgl. Gen 32, 23–33). Er ringt mit Gott, er läßt ihn nicht, bis er ihn gesegnet hat – und trägt aus dieser Begegnung die Wunde davon.

Jede Begegnung ist erst dann gut, wenn wir uns segnen lassen und wenn wir uns verletzen lassen. Am meisten gilt das vom Gebet. Gib dich deinem Gott so ganz und so ehrlich, daß du weißt: Er „leidet" an dir. Und laß ihn ein in dich, so ganz und so ehrlich, daß er dir wehtut. Dann wird sein Segen groß sein.

II

Beten heißt: kämpfen, das gilt für die Psalmen, auch – und gerade – die Fluchpsalmen.

Gott ist groß, Gott hat immer recht. Ergib dich ihm. Aber: Ergib *dich* ihm.

Bring dich so offen, so ganz mit zu ihm, hinein in ihn wie die Beter der Psalmen.

Sicher, in ihm muß das umgeschmolzen werden, was die Psalmen an Affekt, an Angst, an Zorn, an Ungeläutertem aus den Herzen des Menschen ins Herz Gottes schleudern. Aber gerade das bezwingt

Gott: dein Sein-vor-ihm-wie-du-bist. So kann er sich dir schenken mit seinem Sein-wie-er-ist. Und eben das verwundet und segnet dich.

III

Gebet kennt noch einen anderen Kampf: Ringen um sich, ringen um die andern, daß Gott in ihnen mächtig sei. Ringen mit Gott, daß Er sich nicht entziehe, Ringen mit dem Herzen, daß es sich nicht entziehe. „Es grüßt euch euer Epaphras, der Knecht Christi Jesu. Immer kämpft er für euch im Gebet, daß ihr vollkommen werdet und ganz durchdrungen seid vom Willen Gottes." (Kol 4, 12)

Beten heißt: sterben

Wem jedes Gebet ein kleines Sterben ist, dem wird das große Sterben ein Gebet sein.

Wir können aus dem Gebet nicht wieder herausgehen wie wir in es hineingegangen sind. Es muß uns im Beten etwas „passieren" können.

Fragen wir doch einmal das Vaterunser. Natürlich ist es Seligkeit, ist es Rettung, wenn es sich erfüllt. Aber damit uns Seligkeit und Erlösung sei, was Er an uns tut, sind jeden Tag neue Tode fällig; ja jedesmal, wenn wir beten, wie der Herr uns beten gelehrt hat, ist ein vielfältiger neuer Tod fällig. Beides hängt aneinander: das neue Leben, die neue Freiheit, die neue Zukunft – und dieser Schritt des Abschieds von uns, des Weggebens und Loslassens, eben: das kleine Sterben.

Daß sein Name sich heilig erweisen kann und nicht wir uns behaupten; daß sein Reich, seine Herrschaft unsere eigenen Ordnungen und Vorstellungen über „den Haufen werfen"; daß sein Wille allein maßgeblich ist; daß wir unsere Sorgen und Vorsorgen aufgeben in die mit dem Brot für den Tag beschenkte und beglückte Armut; daß wir Vergebung erfahren im Schenken von Vergebung und uns herausreißen lassen aus Versuchung und Verstrickung des Bösen in die Freiheit der Entschiedenheit für

Gott: das sind immer neue Schritte, das ist eine immer neue Auslieferung an den immer selben und doch je anderen, je größeren Gott.

Beten, in der Tat, heißt: immer sterben in Gottes größeres Leben hinein, sich umkehren von einem Leben aus eigener Mächtigkeit in ein Leben aus Gottes einzigem Ursprung.

So wird die Eucharistie, d. h. das Eingehen in das Sterben des Herrn, damit er als der Lebendige unter uns sei, zur Vollendung und zugleich zum Grundrhythmus unseres Betens.

Jedes Gebet ein kleines Sterben, damit das große Sterben ein Gebet, ein Gehen hinein in Gottes Leben sei.

Beten heißt: Aufstieg

Die höchsten menschlichen Erfahrungen, die stärksten Zeugnisse von der Größe des Menschen bekunden den Aufstieg, in welchem der Mensch sich löst von sich und hineingeht in die „Wolke", alles hinter sich lassend, um ganz einzutauchen in Gottes Geheimnis.

Anhänglichkeiten, Fixierungen, alle nur erdenklichen Gestalten der Abhängigkeit überwinden, um in die reine Freiheit zu gelangen, die nichts anderes sucht und hat als Ihn allein, mehr noch, um von sich und allen Geschöpfen „bloß", nur noch von ihm her gehalten und „gehabt" zu werden: wir kommen nicht umhin, diesen Weg nach oben als den bleibenden Grund-Weg menschlichen Betens, ja menschlicher Existenz anzuerkennen und anzutreten.

Auch Mose steigt auf den heiligen Berg und Elia macht sich auf den Weg zu ihm. Doch da ist noch der Berg Morija, auf welchem Abraham den einzigen, geliebten Sohn zu opfern bereit ist.

Auch Jesus steigt auf zum Tabor – aber um abzusteigen in den anderen, radikaleren Aufstieg nach Golgatha.

Aufstieg vollendet sich im Abstieg. Abstieg ist das innerste Geheimnis des Aufstiegs.

Beten ist Aufstieg, aber Aufstieg im Abstieg und in den Abstieg.

Dies hat drei Gründe und drei Formen.

Der letzte Grund, weshalb Aufstieg nur im Abstieg sich vollendet, ist Gott selbst. Sein Höchstes und Innerstes, er selbst ist Liebe, agape. Agape aber ist Sich-Verströmen, Sich-Verschenken, Sich-Lassen. Ich steige im Gebet auf zu ihm, in seine Liebe, in seinen Abstieg.

Der zweite Grund: Ich bin ganz gefordert, alles in mir ist hineingerufen in die Anziehung nach oben, in das Magnetfeld Gottes. Aber nicht *ich* erreiche, wohin ich strebe, sondern aus bloß Eigenem versage ich davor. Da ist ein Anderer, der mich nach oben trägt.

Ein dritter Grund: Der Aufstieg ist das Größte und Ganze, aber er ist es je hier, je jetzt. Der, über den hinaus Größeres nicht gedacht werden kann, ist mir ganz nahe im Kleinsten, im Augenblick, im Jetzt. Nur wenn ich mich in dieses Jetzt hineinlasse, erreiche ich Ihn. Jeder Schritt ist der letzte des Aufstiegs. Daß durch diese letzten Schritte des Aufstiegs aber Aufstieg im Ganzen, Aufstieg zur Spitze hin gelingt, das bin nicht ich, das ist der Aufwind des Geistes, der mich trägt.

Aufstieg ist Abstieg hin zum Vater, der sich neigt, der Sich-Neigen ist.

Aufstieg ist Abstieg in den Sohn, der allein mich zum Vater trägt.

Aufstieg ist Abstieg, ist Sich-fallen-Lassen in den

Aufwind des Geistes, der von Augenblick zu Augenblick mich trägt.

II

Gehen wir diesen Gang des Aufstiegs mit im Geleit
geistlicher Erfahrung der Jahrhunderte:

Johannes vom Kreuz bezeichnet den Rhythmus
des Aufstiegs folgender merkwürdigen Textkurve
eines seiner kostbarsten Lieder: „... und sank so tief,
so tief, daß ich so hoch, so hoch geriet, daß ich das
Ziel erjagte."

*

Von Bonaventura bis hin zu Therese von Lisieux
geht durch die geistliche Tradition in mannigfacher
Gestalt das Bild vom Sperling, welcher der Mensch
ist: Er will vergebens emporfliegen zur Sonne, aber
obwohl er es nicht vermag, verzichtet er nicht auf
dieses Ziel. Was tut er? Er setzt sich dem Adler auf
den Rücken und steigt vom Rücken des Adlers über
diesen hinauf, empor ins Licht. Sich dem Rücken des
Adlers anvertrauen bedeutet: sich dem menschgewordenen Sohn Gottes anvertrauen, in ihm und mit
ihm den Aufstieg wagen.

*

Ich möchte die Aufstiegserfahrung eines jungen
Bergsteigers mitteilen, die mir zum Gebet wurde,
seit ich ihn, einen Theologen, der kurz vor der Prie-

sterweihe stand, in seinen letzten Aufstieg zum Vater habe begleiten dürfen:

"Anstrengung ...
manchmal
denkst Du:
nur noch der
nächste Schritt
geht.
Wenn Du das
oft genug
gedacht hast,
bist Du
auf einmal
oben."

„Wenn ich abgestiegen bin …"

Katharina von Siena schreibt in ihrem „Dialog über die göttliche Vorsehung": „Durch das Blut deines eingeborenen Sohnes hast du mich neu geschaffen; daran erkenne ich, von dir erleuchtet, daß du von der Schönheit deines Geschöpfes ergriffen bist." (Kap. 167)

Man unterscheidet, von Liebe sprechend, zwischen Agape und Eros, zwischen der sich verströmenden Liebe Gottes, die einfach sich schenkt, sich nach unten verstrahlt, und der aufsteigenden Liebe, die vom höchsten Gut fasziniert, angezogen ist, um dorthin sich zu übersteigen, um dort sich zu vollenden. Das Neue des Christentums ist die Botschaft von Liebe als Agape, die als Kontrapunkt zur Lehre Platons vom Eros begriffen wird.

Horchen wir aber hinein in den knappen Text der heiligen Katharina von Siena, so zeigt sich: Auch Agape ist Eros, auch sich verströmende Liebe ist anziehende, sich anziehen lassende Liebe. Gott ist von sich selbst, der Vater von seinem Sohn „angezogen". Er findet den Sohn in uns, die wir in ihm, dem Sohn, erschaffen sind. Wir sind sein geschöpflicher Spiegel. Er findet ihn in uns – und findet ihn in uns, die wir uns durch die Sünde von ihm entfernt haben, gerade nicht. Verläßt er uns? Nein, er *sucht* den Sohn in uns. Der Sohn, in Liebe zum Vater, kommt zu uns und läßt sich, wo wir sind, finden: in unserem Sündersein, in unserem Sünde-, Fluch-Todsein (vgl. 2 Kor 5,21; Gal 3,13; Eph 2,4 f.). Nun findet der Vater den Sohn dort, wo er nicht ist, und findet so *uns* neu. Wir sind zweimal „sein Sohn", als geschaffener Spiegel und als vom Sohn angenommene, geliebte, in Liebe verwandelte Abwesenheit des Sohnes. Er ist „wir" geworden, er hat unsere Gottverlassenheit geteilt – und in ihm sind wir angezogen vom Vater, ziehen wir den Vater an.

„Wenn ich abgestiegen bin, werde ich alle an mich ziehen. Denn dort bin ich erhöht zur Liebe, über die hinaus es keine größere geben kann." (Vgl. Joh 12,32) Beten heißt: hinabsteigen in unsere eigene Armut, in die Armut des am Kreuz verlassenen Christus, der uns an sich gezogen hat und der nun den Vater anzieht, herzieht zu uns.

Die Grammatik des Gebetes

I

Deklination

Es fängt an mit dem Vokativ: Gebet ruft Gott an. Aber im Vokativ erwacht der Nominativ, der Wer-Fall. Wenn ich Ihn rufe, dann ist er für mich nicht nur ein Objekt, sondern ein Partner, ein Gegenüber, ein Handelnder. Bei ihm liegt die Initiative. Wer betet, der rechnet damit: Gott handelt, Gott spricht, Gott tritt aus sich heraus. Und zugleich mit Gott trete auch ich in den Nominativ, in den Wer-Fall. Indem er handelt, spricht, mich angeht, bin ich in den Stand der Antwort, der Verantwortung, des Sprechens und Handelns gesetzt.

Gottes Dasein und das meine sind aber nicht zwei getrennte, irgendwo aneinandergrenzende, sich berührende Bereiche, sondern in Gottes Selbstsein und in meinem Selbstsein ereignet sich Zugehörigkeit, Wes-Fall, Genitiv. Ich bin dein, weil du Gott bist, und du gehörst zu mir, weil du Gott bist. Ich bin der Knecht, der Freund, das Kind Gottes – Gott ist der Gott meines Lebens, meines Heiles, meiner Zukunft und Zuversicht.

Es bleibt aber wiederum nicht bei diesem Zustand, die gegenseitige Zugehörigkeit selbst wird zum Inhalt des Tuns, zur Orientierung des Lebensvollzugs.

71

Ich lebe Ihm, schenke mich Ihm – er wendet sich mir zu, ist mir gut und schenkt sich mir. Im Dativ, im Wem-Fall erreicht das Gebet seine Spitze und seine Fülle.

Und doch geht es noch einen Schritt weiter in den Akkusativ, in den Wen-Fall hinein. Wer betet, der wendet sich nicht nur Gott zu, er gibt Gott weiter. Gott gibt sich in ihn, in sein Leben hinein, und er wird die Gabe des Beters an die anderen, an die Welt. Und umgekehrt wird der im Gebet von Gottes Zuwendung Umfangene gesandt, verschenkt, Gott sendet ihn, schenkt ihn an die anderen, macht ihn zur Gabe für die anderen. Gebet geht nicht nur bis zu Gott und bis zu mir. Es geht über Gott und über mich hinaus in die Geschichte, in die Welt.

Ich rufe dich, o Gott. Ja, du bist Gott, du allein. Und *ich* stehe vor dir. Ich bin dein, du bist mein, ich bin die Magd, der Knecht des Herrn, du bist Heil und Hoffnung derer, die zu dir rufen. Mein Leben hat ein Ziel, ein Wofür: ich lebe dir. Und du, der unendlich Große, wendest dich mir zu, bist mir nahe, schenkst dich mir. So aber trittst du ein in mein Leben und wirst zum Leben meines Lebens, so daß ich dich bezeuge. Und du ergreifst mich, sendest mich, verschenkst mich an die anderen.

II

Konjugation: die Personen

Wer betet, sagt „ich". Er kann sich nicht verstecken hinter dem Busch, er setzt sein Antlitz dem aus, der ihn ins Dasein rief und der jetzt ihn ruft.

Wer betet, der sagt „du". Er bleibt nicht bei sich, sondern er öffnet den Kreis des Ichsagens, läßt ihn zum Pfeil werden, der von sich weg, über sich hinausweist zum Du.

Wer betet, der kennt auch die dritte Person, er, sie, es. Auch beim persönlichsten Gebet kann er die anderen und das andere nicht ausschließen, er tritt vor Gottes Antlitz hin angesichts des anderen und der anderen. Wer mit Gott spricht, der bringt in dieses Sprechen jene mit, die zu ihm gehören, jenes mit, was zu ihm gehört.

Und noch ein anderes Er sagt jener, der betet. Wenn er aus dem Gebet heraustritt, dann kann er den nicht mehr verleugnen, zu dem er „du" sprach. Er muß ihn bezeugen. Er muß von Gott reden, zumindest mit seinem Sein, mit seinem Tun.

Wer betet, sagt „wir". Ganz als er selbst gemeint und gerufen, ist er mit den anderen und zu den anderen gerufen. Beten heißt: einstimmen in den Chor, einstimmen in die Geschichte.

Wer betet, sagt „ihr". Beten bringt auch Unterscheidung, aber Unterscheidung, die sich nicht in die Distanz einmauert, sondern Gespräch stiftet. Wer im Gebet sich von Gott ergreifen läßt, der läßt sich verändern, herausrufen, gegen den Strom, gegen die bloße Anpassung. Er spricht nicht nur vom Er Gottes, sondern er spricht darin den anderen an, rührt an ihr Herz, öffnet den Kreis des betenden Wir, auf daß andere in ihn eintreten können.

Wer betet, der sagt schließlich ein allumfassendes „sie". Die ganze Menschheit, die ganze Welt sind drinnen in seinem Beten. Nicht nur die einzelnen Personen und Dinge, Begegnungen und Umstände seines Lebens sind einbezogen; über alles, was der eigene Horizont umspannt, hinaus ist es Gottes grenzenloser Horizont, den der Beter sich zu eigen macht. Sein Herz wird so weit wie Gottes Herz. Nur in allumfassender Fürbitte, Verantwortung, Liebe, nur weltweit läßt sich zum allumfassenden Gott, zum Gott der ganzen Welt beten.

III

Konjugation: Zeiten

Beten geht im Grunde nie, ohne daß in seinem Jetzt Zukunft und Vergangenheit mit enthalten sind.

Die elementare Zeitstruktur des Gebetes läßt sich ablesen am Vaterunser ebenso wie an der Eucharistie.

Am Vaterunser. Die führende „Zeit" im Vaterunser ist die *Zukunft.* Darauf, daß Gottes Reich komme, darauf, daß Gott uns vom Bösen erlöse, laufen alle Bitten hinaus. Darin ist eine doppelte Ohnmacht des Beters aus sich selbst gegenüber der Zukunft ausgesagt. Er vermag von sich aus nicht die heile Zukunft herzustellen und herbeizubringen, Gottes Reich muß kommen, Gott muß sein Reich selbst heraufführen, damit der Mensch im Heil leben kann. Und zugleich vermag der Mensch nicht aus sich die Bedrohung durch unheile Mächte auszuschließen, er wäre, auf sich allein gestellt, der Ausgelieferte. Nur der, dessen Reich das Heil ist, kann auch das Unheil bannen.

Im Gebet übergreift aber der Mensch seine doppelte Ohnmacht. Er bricht auf zu dem Gott, der Heil schenkt und Unheil überwindet, er verbündet sich mit dem Gott, der aus unverfügbarer Freiheit bereits aufgebrochen ist, um seine Zukunft Gegenwart werden zu lassen und in ihr die drohenden Abgründe zu verschließen. Der Beter tritt in die Wahrheit seiner doppelten Ohnmacht gegenüber der Zukunft, er liefert sich dem der Zukunft Mächtigen aus, er geht mit Gott den Weg, auf welchem er kommt und seine Zukunft allumfassende Gegenwart werden läßt. Damit ist freilich eine dreifache *Gegenwart* im Gebet mitgegeben.

Zum einen: Wenn ich den Kommenden jetzt rufen kann, wenn ich ihm jetzt „Vater" sagen kann, dann wächst eben das Gebet bereits über die reine Künftigkeit Gottes, sie anerkennend, sie wahrend, hinaus in eine Gleichzeitigkeit mit diesem kommenden Gott. Der Vater ist im anderen Bereich, im Himmel, aber er ist dort anrufbar, er hört und sieht. Die Ferne ist vom Hier und Jetzt des hörenden und sehenden Gottes überwunden, Gegenwart waltet. In der Gegenwart des Gebetes hebt die Zukunft Gottes schon an. Und Gottes Zukunft gewinnt im Gebet bereits Gegenwart.

Zum zweiten: Das Vaterunser sagt „wir", Gott ist eben nicht nur mein, sondern unser Vater. Ich kann gar nicht Vater sagen, ohne dieses Wir mitzusprechen. Alle, die ihn anrufen, alle, die dazu gerufen sind, ihn anzurufen, sind *zueinander* gerufen. Die Gegenwart steht nicht nur auf der Spitze meines einzelnen, jetzt von Gott berührten und sich zu Gott hin aufmachenden Herzens, sondern in der umgreifenden Gleichzeitigkeit der Ekklesia, der Herausgerufenen, der Kirche. Wer betet, wird nicht nur gleichzeitig mit Gott, sondern gleichzeitig mit der Communio der Beter.

Zum dritten begegnet uns im Vaterunser das Wort „heute". Gerade die Auslieferung an Gottes Zukunft, gerade die grenzenlose Hingabe und das grenzenlose Vertrauen an den waltenden und liebenden Vater befähigt uns zur Bescheidung und zugleich zur Kostbarkeit des Heute, des Jetzt und Nur-Jetzt. Die Sorge um die Zukunft drängt nicht danach, die ganze Zukunft in die Vorratskammer des Jetzt einzuheimsen, sondern sie befähigt zum Mitgehen mit der Zeit, die im Tropfen des Augenblicks geschieht. Mehr brauche ich nicht als das, was ich für das Jetzt brauche. Nicht weil Gott sparsam wäre, soll ich so beten, vielmehr deshalb, weil die Fülle des alle Zukunft umfassenden Jetzt nicht in meine engen Kammern geht, sondern nur in das weite Herz Gottes. Dort ist die ganze Zukunft, dort ist das umfassende Jetzt. Und wenn ich mich auf das winzige Jetzt des Heute beschränke, mich mit ihm begnüge, dann lebe ich in der Freiheit jener Fülle, die nicht ich fasse, sondern nur Gott faßt.

Gib es auch *Vergangenheit* im Vaterunser? Es gibt sie in zweifacher Gestalt. Einmal als Vergangenheit, die weiterwährt ins Jetzt und Zukunft eröffnet – zum andern als Vergangenheit, die im Jetzt verschlungen, erlösend verschlungen wird.

Fangen wir mit dem zweiten an. Wir bitten um die Vergebung unserer Schuld und versichern, daß wir unsern Schuldnern vergeben. Es bestehen also Schuldverhältnisse in der Zeit, in welcher wir das Vaterunser sprechen. Wir vertrauen sie Gott an, der sie auflöst in seinem vergebenden Neuanfang. Doch dieser vergebende Neuanfang Gottes ruft – es ist die einzige Stelle des Vaterunser, an der solches uns begegnet – unser Tun, unseren eigenen Einsatz auf: Wir selbst sind dessen mächtig, die Schuldverhältnisse der Vergangenheit nicht weiterwähren und weiterwuchern zu lassen. Wir können neu anfangen mit unserem anderen – in Gottes neuen Anfang mit uns und allen hinein. Wer betet, der wirft die Last, die keineswegs nur ungerechte Last weg, die von ihm her auf dem Nacken und auf dem Herzen anderer ruht. So wird die Last, die auf ihm ruht, von Gott selbst ihm hinweggenommen. Das ist keine verengende Bedingung eines nicht ganz zu seiner grenzenlosen Barmherzigkeit stehenden Gottes, sondern die einzige Möglichkeit für mich, wahrhaft frei zu sein. Nur wenn ich nicht den andern in der Belastung durch die Vergangenheit halte, kann ich in den Nullpunkt des göttlichen Neuanfangs gelangen. Neuer Anfang geschieht radikal oder er geschieht nicht. Er geschieht auch im Blick auf die anderen oder er geschieht nicht für mich.

Die andere Vergangenheit, jene, die Fundament bleibt für Gegenwart und Zukunft, ist im Vaternamen Gottes versiegelt. Wir kommen von ihm her. Er ist immer schon da. Und er hat uns seinen Namen schon geoffenbart, so daß ich ihn Vater nennen, als Vater anreden darf. Wer betet, dem ist schon das Betenkönnen und das Betendürfen zugesprochen. Beten sagt, daß Heilsgeschichte schon angefangen hat. Beten ist Erinnerung an diesen Zuspruch, an diesen Anfang.

In der Eucharistie begegnet uns dieselbe Zeitstruktur wie im Vaterunser. Gottes Zukunft hebt im

Bundesmahl bereits an, der Kommende ist schon mitten unter uns. Aber das Bundesmahl ist noch Pilgermahl, die ganze Hoffnung lebt noch in der Geduld des Bleibens auf dem Weg, bis die Herrlichkeit des Herrn offenbar sein wird.

Der Herr leibhaft in unserer Mitte – und wir die vielen Glieder an seinem Leib, geeint durch seinen Geist – und dies im Jetzt, im immer neuen Jetzt der eucharistischen Feier. Eucharistie als Mahl der Versöhnten, als Besiegelung der Vergebung – weil sein versöhnendes Opfer hier unter uns da ist, weil das Einmal seines Sterbens und Auferstehens uns zugewendet ist in der Feier, die wir zu seinem Gedächtnis begehen.

Landkarte des Betens

Beten ist Weg. Beten, das sind viele Wege und in ihnen allen der eine Weg. Er führt immer durch drei Punkte hindurch. Zeichne einen Kreis und füge in ihn ein Dreieck. Schreibe an die drei Berührungspunkte die Worte: Ich-Du-Wir. Ich – das bist du selbst. Du – das ist jener, zu dem alles Beten strebt. Wir – das sind deine Nächsten, jene, die mitbeten bzw. mit denen du mitbetest, aber auch jene, die nicht wissen oder die nicht interessiert, daß du betest.

Dann setze bei jedem der drei Punkte an und gehe der Kreislinie entlang durch die beiden anderen hindurch, bis du den Ausgangspunkt wieder erreichst. Du kannst bei jedem der drei Punkte beginnen: Manchmal bist du zuerst bei dir, getroffen, bestürzt, beschenkt; manchmal bist du ganz unmittelbar bei Ihm, rufst Ihn, hörst auf Ihn; manchmal bist du einfach da als einer inmitten anderer. Bei allen drei Punkten kann dein Gebet ansetzen – aber immer muß es weiter, muß es den ganzen Kreis ausschreiten, auf daß es „ganzes" Gebet sei. Du kannst übrigens diese Kreisbahn in doppelter Richtung ziehen, mit dem Uhrzeiger, gegen den Uhrzeiger. Wichtig ist nur, daß du keinen Punkt ausläßt und am Ende wieder beim Anfang ankommst.

Was in dieser „Landkarte" des Betens alles an lebendiger Wegerfahrung bezeichnet ist, mußt du selbst erproben. Die Landkarte ist nicht die Landschaft in der Fülle ihrer Orte und Ausblicke. Mit dem Finger Wege auf der Landkarte nachzuziehen ersetzt nicht das Wandern mit Füßen, Augen und Herz. Und doch ist es gut, immer wieder auf die Landkarte zu sehen.

Auch im Falle des Betens. Denn Beten ist in seinen vielen Wegen *ein* Weg, der Weg, der Gott, mich selbst, die anderen zusammenbindet in dem, der von sich sagte: „Ich bin der Weg." (Joh 14,6)

GESTALTEN DES GEBETES

Warum läßt Gott sich bitten?

Gott weiß alles – warum läßt er sich bitten? Will er, daß wir ihn bitten, nur um unseretwillen, auf daß wir sinnenfällig machen und so tiefer erfahren, daß wir von ihm abhängig sind?

Ich glaube nicht, daß Gott eine so persönliche Beziehung wie die des bittenden Kindes zum Vater nur in einer lehrhaften, moralischen Absicht uns eröffnet. Es ist ihm ernst, wenn er sich bitten läßt. Es ist ihm ernst um unseretwillen und um seinetwillen.

Um unseretwillen: Nur wenn wir bitten, öffnen wir uns so weit, daß wir empfangen können. Nur wenn wir auf den Vater hin und vom Vater her leben, ist Gottes Macht unserer Freiheit mächtig, um sie mit sich selbst, mit seiner Liebe zu erfüllen.

Um seiner selbst willen: Daß Gott von sich aus alles weiß und alles kann, das ist dem Gott, der die Liebe ist, zu wenig. Er möchte nicht nur der Gott des Wortes sein, sondern auch der Gott der Antwort. Alle unsere Worte sind Antwort auf ihn. Aber auch sein erstes Wort, so will er es, soll Antwort sein auf uns. Bis dahin geht die Liebe. Gott überholt uns nicht, er erwartet uns.

Dann ist allerdings ein Gedanke überholt, der uns oft in den Sinn kommt, wenn wir über das Bittgebet nachdenken. Wir meinen nämlich, da Gott von Ewigkeit her schon alles sieht und weiß, komme für seine Vorsehung unser Gebet schon je „zu spät": Gott weiß schon, was kommt – warum sollen wir noch bitten? Unsere Bitte ist doch für Gottes Anordnungen, so denken wir, unerheblich, eben nachträglich. Mir genügt die zweifellos richtige Antwort darauf nicht, daß Gott in seiner Voraussicht auch unsere Bitte je schon mit einbezogen habe. Wir können ihn, der die Liebe ist, nur verstehen, indem wir ihn verstehen als den Gott des Jetzt, den Gott, der gleichzeitig mit uns ist, uns *schon* sieht und ruft und kennt – und doch je jetzt mit uns geht – und auf uns wartet, um uns zu antworten.

Ewig uns voraus, ewig mit uns zugleich, ewig uns Antwort, und darum gerade jetzt ganz im Ernst da, da auch für unseren Ruf und für unsere Bitte: so ist Gott, so dürfen wir vor ihn treten. Wahrhaft, Gott läßt sich bitten.

*

Wenn Er sich für dich kreuzigen ließ, wie sollte Er sich von dir nicht bitten lassen?

Bittgebet

I

„Meister", fragen die Jünger, „der Herr hat doch gesagt: ,Bittet, und ihr werdet empfangen!' – warum erhalten wir so wenig im Gebet?" Der Meister antwortet: „Der einzelne ist ein Abgrund, und wenn Gott die schönsten Gaben in den Abgrund wirft, so verschwinden sie, wir nehmen sie nicht wahr. Wir müssen ein Netz spannen, um Gottes Gaben aufzufangen. Es ist das Netz der Eintracht und der Liebe. Wenn wir einmütig um etwas bitten, wenn die Fäden des Netzes fest zwischen uns gespannt sind, dann werden wir erhalten."

II

Ein andermal fragen die Jünger: „Um was sollen wir bitten, damit wir sicher empfangen?" Der Meister sagt: „Bittet, um was ihr wollt!" Da kommt der Einwand: „Aber da machen wir doch die Erfahrung, daß viele unserer Bitten nicht erfüllt werden!" Darauf der Meister: „Noch einmal sage ich euch, bittet, um was ihr wollt. Aber macht bei eurem Gebet einen Zusatz: Herr, gib mir das – oder mehr! Das, was der Herr euch gibt, ist entweder das Erbetene oder etwas Größeres." Ein vorwitziger Jünger wirft ein: „Dann habe ich ein wenig Furcht, daß ich immer nur ‚mehr‘, immer nur das ‚Größere‘ erhalte und nicht das, wonach mein Herz sich sehnt!" Der Meister schaut ihn an und sagt: „Wenn du diese Angst verlierst, wenn dir das Größere größer, wenn dir Gottes Mehr wirklich mehr ist, dann kann er dir auch das Kleinere schenken, ohne daß es dich ablenkt von Ihm, der immer größer, immer mehr ist." Der Jünger versteht: „Ja, der Herr sagt uns: Suchet zuerst das Reich Gottes – und das andere wird euch hinzugegeben." (vgl. Mt 6,33)

Dank – die „neue Kausalität"

I

Es war für mich ein wichtiger Augenblick, um das Dankgebet zu verstehen, als in seiner Vorlesung über Meister Eckhart Bernhard Welte die Predigt des Meisters erklärte: „Intravit Jesus in quoddam castellum". Mir ging auf, was Dank bedeutet: wiedergebären der Gabe, die uns zufällt aus unserem Innern.

Das bloß gebrauchte, bloß verstaute, bloß konsumierte Geschenk ist keines. Es geht unter in der Einsamkeit meiner mit mir, in mein Organisieren der eigenen Bedürfnisse und Wünsche. Die Herkunft wird überflüssig, aber mit der Herkunft im Grunde die Gabe selbst, sie ist nur noch Rohstoff, Material meines Interesses an mir. So aber wird die Welt zerstört, zum bloßen Fortsatz meiner individuellen oder kollektiven Bedürfnisbefriedigung.

Dinge, Ereignisse, Menschen sind nur sie selbst, wenn sie in der Zueignung an mich zugleich sie selber bleiben. Und sie bleiben gerade dann sie selber, wenn ich mich so von ihnen treffen lasse, daß mein Herz aufgeht und sie selber so noch einmal aufgehen – von mir her. Das aber ist der Dank: etwas aufgehen lassen von mir her, es zurückgehen lassen in das Herz dessen, der mich mit seiner Gabe betroffen hat, der selber so zur Gabe geworden ist, daß seine Gabe an mich und ich selber in ihr auch ihm zur Gabe werde. In diesem Kreislauf von Gabe wächst Beziehung und wächst der vielfältige Eigenstand des Gebenden, des Empfangenden und des zugleich Gegebenen und im Dank Zurückgegebenen. Gegengabe wird nicht Anspruch und Tribut, vielmehr wird die in meiner Freude neu geborene Gabe selbst und werde so ich selbst zur gebenden Gabe – und das Mehr von Gegengaben wird nur Ausdruck, Eröffnung einer neuen Strophe desselben, fortlaufenden Geschehens.

Dankgebet ist so nicht Reglementierung der Artigkeit und Bravheit des Unmündigen, der auf die Freundlichkeit des anderen angewiesen ist. Im Danken wächst der angewiesene, der beschenkte Arme über seine Armseligkeit hinaus und wird sozusagen dem Geber Gott ebenbürtig: er darf das ihm „Zugeschaffene" und „Zugedachte" mitschaffen und mitdenken, mitvollbringen zum Herzen Gottes hin.

Dann aber versteht sich, daß wir für alles danken können und zu danken haben. Was immer geschieht, geschieht vom Herzen Gottes her auf uns zu, auf unser Herz zu. Es in unserem Herzen wiederholen, in ihm den Ruf und die anrührende Hand Gottes entdecken – auch dann, wenn wir das Zugeschickte nicht durchschauen und verstehen, es in diese Beziehung hineinheben: das ist die Würde des Dankes.

Der Sohn dankt seinem Vater im Geist – und wir sind in diese Eucharistie als Empfangende und Mittuende einbezogen.

II

Was geschieht im Dank? Ich binde *etwas* an *jemand.*
Ein Es wird mir zum Sakrament des Du. Ich gebe ein
Faktum frei aus der Fatalität meines Verfügens oder
aus der Fatalität seiner Vorhandenheit in einen lebendigen, freien Zusammenhang. Danken – wie
Bruder Franz – auch und zumal für das Dunkle
heißt: es freigeben in den Zusammenhang mit der
größeren, mit der größten Liebe, mit dem, der die
Liebe ist. Dank ist die „neue Kausalität".

Gott danken

I

Das Kind greift nach der von der Nachbarsfrau freundlich hingehaltenen Schokolade, und unversehens möchte es sich daranmachen, die „Beute" zu verzehren. Da fährt die leise drohende Frage der Mutter dazwischen: „Wie sagt man?" und es erfolgt das pflichtgemäße „Danke!".

Erziehung zum Danken tut not, gewiß. Wer nicht danken lernt, der lernt weder haben noch geben. Aber wenn das „Danke" bloß der Tribut bleibt, der als freundliche Floskel gezollt wird und an dem die Geber sich weiden, dann wächst die Dankbarkeit nicht tief im Herzen an, und das Dankgebet hat wenig Chance, unmittelbarer, glaubwürdiger Ausdruck unseres Herzens zu werden.

Könnte die eben erzählte Geschichte nicht auch anders gehen?

Vielleicht so: Die Mutter fragt nicht: „Was sagt man?" Sie fragt, und das wäre das Risiko einer „richtigen" Frage: „Freust du dich?" Wenn die Freude des Beschenkten Gestalt gewinnt, dann ist das geteilte Freude, lautere Freude auch für den Geber.

Vielleicht folgt dann ein weiterer Schritt: „Schau, so gerne hat der andere dich, daß er dir das schenkt!" Zuneigung erfahren und darin Zuneigung fassen und zeigen: so wächst der Dank und wächst aus ihm jene Erinnerung, die verbindet.

„Wir danken dir, Herr; denn du bist gut. Wir freuen uns in dir und gedenken deiner fort und fort."

II

Wir kennen die Gerichtsrede des Matthäusevangeliums: Was wir dem Geringsten der Brüder des Menschensohnes getan oder nicht getan haben, das haben wir Ihm getan oder nicht getan. Dies wird die Überraschung, dies der Maßstab sein – auf die uns doch die Liebe des Herrn schon jetzt vorbereitet, auf daß unser Leben sich verwandle (vgl. Mt 25, 31–46).

Dürfen wir die Geschichte einmal andersherum erzählen? Werden nicht wir an jenem Tag erkennen, daß das, was uns die Schwestern und Brüder getan haben, der Herr selber getan hat? Werden nicht die großen und kleinen Geschenke und auch jene, die verpackt waren in die herbe Hülle der Unbegreiflichkeit und des Schmerzes offenbar werden als die beständige, liebende Sorge des Herrn um uns?

So wird es sein, und wie der Herr es uns schon jetzt wissen läßt, daß er selber es ist, dem wir geben und verweigern, was immer wir geben und verweigern, so läßt er es uns auch fürs Jetzt wissen: Er selber ist es, dessen Liebe hinter jeder Liebe steht und der mit seiner Liebe auch und gerade dort zugegen ist, wo wir keine Liebe sehen, wo wir seine Liebe nicht verstehen.

Jeder Tag werde zu einem Tag des Dankes: Herr, was immer jemand uns Gutes getan hat, das hast du uns getan. Vergilt es dir in diesem Jemand! Was immer uns geschah, es ist Ausdruck deiner Liebe. Laß unser Leben zur Antwort werden.

III

Ein großer Beter sagte mir einmal: Wenn du eine Gnade, einen Trost, eine freudige Überraschung erfährst, dann sage „Danke!". Wenn du aber das Kreuz erfährst, dann sag zweimal „Danke!". Das erste „Danke!" gilt dem, daß er selber mir ein Denk-mal seiner größten Liebe, der gekreuzigten Liebe gab; das zweite „Danke!" gilt dem, daß er mein Herz öffnet, diese seine Liebe mitzuleben – als Dank an ihn, als Zeugnis und Weitergabe für die anderen. Und wenn ich dies noch nicht vermag und verstehe, vielleicht hilft mir der Mut, dazu ein drittes „Danke!" zu sprechen.

Lobpreis: „Magnificat"

I

Magnificare heißt, wie auch das entsprechende griechische Wort „megalýnein": groß machen. Es steht im Neuen Testament normalerweise für „rühmen", „als groß preisen"; aber dieses Wort wird auch dort gebraucht, wo Jesus die Schriftgelehrten und Pharisäer kritisiert, weil sie „die Quasten an ihren Gewändern lang machen" (Mt 23,5). Wir haben also schon recht damit, dieses elementare „groß machen" in dem Wort zu hören, mit welchem Maria ihren Lobgesang beginnt: „Meine Seele preist die Größe des Herrn", wörtlich: Meine Seele macht den Herrn groß (Lk 1,46).

Dieses demütige Wort der niedrigen Magd bekommt so einen schier überheblichen, anmaßenden Klang. Wie kann das Geschöpf Gott groß machen?

Ja, das Lobpreisen, Gott-Verherrlichen, das ist in der Tat Vollzug menschlichen Kleinseins und menschlicher Größe zugleich. Sag mir, was für dich groß ist, und ich sage dir, wie groß du bist. Wie groß du gerade in deinem Kleinsein bist, das anderes für dich groß sein läßt. Dies ist der Adel des Menschen, daß er Größe, einzig wahre Größe zu erkennen, zu benennen, zum Inhalt seines Wortes, ja seines Lebens werden lassen kann: die Größe Gottes. Es kann ihm – und dies widerfuhr dem heiligen Anselm von

Canterbury gerade in seiner Existenz als Beter – der Gedanke eines Gedankens in den Sinn kommen, über den hinaus nichts Größeres gedacht werden kann – und dabei gewahrt er, daß dieser Gedanke ja kein bloßer Gedanke ist, sondern das ihn und alles konstituierende Maß, jenes Maß, das nicht von den Dingen und Menschen entworfen wird, sondern das Dinge und Menschen „entwirft".

Vielleicht kann man sagen, das zum „ontologischen Gottesbeweis" ausgebaute Grundereignis des Denkens, das uns im 2. Kapitel des „Proslogion" Anselms sich eröffnet, ist die legitime Umkehrung des Magnificat: Das Großmachen als Grundfähigkeit und Grundtätigkeit des Menschen, seine denkende und verantwortete, alle Maße sprengende Ausspannung zum Unendlichen ist Antwort, ist der Ort, an dem die Realität Gottes selbst hineinscheint in diese Welt. Daß der Mensch Gott groß machen kann, definiert nicht nur den Menschen, sondern teilt im Menschen Gott selber mit, läßt den Menschen als den Spiegel Gottes verstehen, der nicht sich selbst erhellt, sondern den das Licht erhellt, welches in ihm aufstrahlt.

Mir selbst bedeutet dies keineswegs nur dürre Reflexion. Es ist der gedankliche Nachhall einer Grunderfahrung: In den reinsten und höchsten Gestalten menschlichen Lobpreises Gottes – und diese reinsten und höchsten Gestalten finden sich oftmals auch und gerade im Zeugnis der ganz Kleinen und Unscheinbaren – geht eine Wirklichkeit auf, die von sich selber her bezeugt, daß sie nicht vom Menschen gemacht ist, sondern den Menschen als Menschen ausmacht. Daß der Mensch Gott groß machen kann, erweist den, den er groß macht – und dies eben ist das Kleinsein und das Großsein des Menschen zugleich. Nur im Lobgesang, nur in der Anbetung, nur in der Hingabe über sich selbst hinaus eröffnet sich diese überragende, tragende und begründende Qualität, dieses entzogene Geheimnis. Nur der kleine Mensch kann der Ort des Aufgangs Gottes, des Großen, sein. Indem er es aber ist, wird er erhöht von dem, der sich in ihm mitteilt – und so sehr dieser Aufgang Gottes im Menschen Gottes Werk und Tat ist, so sehr ist er doch nicht neutrales Widerfahrnis, sondern antwortende Tat des Menschen selbst. Ja, der Mensch „macht" Gott groß. Der Punkt, an dem die Größe Gottes aufbricht in der Welt, ist die Freiheit des Menschen, sein freiwilliges Einstimmen in den Ruf und die Berührung Gottes, sein antwortendes Wahrnehmen dessen, daß er von Dem und auf Den zu ist, der ihn unendlich übersteigt.

Wir finden im Magnificat die angedeuteten Verhältnisse wieder. Die niedrige Magd macht Gott groß, weil sie angeschaut ist von dem, der allein groß ist. Jene, die aus sich selber groß sind, werden gestürzt, die aber aus sich selber nichts sind, werden erhöht. Nur Gott ist der Handelnde, aber gerade dies setzt den Menschen frei, in seiner Kleinheit Gott groß zu machen, und indem Gott gerühmt wird, wird auch der Mensch, an dem Gott handelt, bis in die kommenden Geschlechter hinein seliggepriesen (vgl. Lk 1,46–55).

Lobpreis Gottes, Magnificat ist die zweieine Wahrheit Gottes und des Menschen zugleich.

II

Die Frage nach der Rechtfertigung, die zur Reformationszeit die Glaubenden umtrieb, ist – entgegen dem Anschein an der Oberfläche – brennend geblieben, neu brennnend geworden. Die Frage heißt heute freilich für viele vordergründig nicht mehr: Wie erhalte ich einen gnädigen Gott? Gott scheint oftmals verschleiert, dem Leben und Interesse ferne gerückt. Und doch fällt die Wucht des eigenen Ich nur noch ungeheuerlicher auf den Menschen zurück. Ich habe mich nicht selber ins Dasein gerufen, ich habe mir seine Bedingungen nicht ausgewählt, ich wirke mit an einer Zukunft, der ich letztlich ohnmächtig gegenüberstehe. Wie rechtfertigt es sich, daß es mich überhaupt gibt? Ich werde zum Ankläger gegen mein eigenes Dasein und das der Welt.

Dies ist sicher nicht die alleinige und nicht einmal die vorherrschende Stimmung und doch drückt es viele nieder: Daß ich bin, daß die Welt ist, dies bedarf der Rechtfertigung – und ohne diese Rechtfertigung kann ich eigentlich nicht leben; denn ob ich will oder ob ich nicht will, ich bin auf diese Vorgabe meines Daseins und der Welt angewiesen.

Was in solcher Bedrängnis sich artikuliert, das macht nicht Halt vor Christen, auch vor solchen nicht, die keineswegs gebrochen haben mit ihrem Glauben. Wir erleben mitunter, daß sie, ohne es zu artikulieren oder auch ohne es zu wollen, den Verhältnissen, dem Ganzen, dem Leben gram sind. Es ist, als ob sie es als Grundwort ihres Lebens sagten: Es ist nicht gut, zumindest nicht ganz gut! Vielleicht gibt es für sie Gott, vielleicht erwarten sie von ihm sogar etwas wie eine letztendliche Heilung und Rettung. Aber dieser Glaube an Gott und sein Heil durchdringt nicht das Atmen, das Sehen und das Leben, sondern bleibt wie eine Notlösung, ein Zusatz, welche die innere Stummheit, Ungewißheit, abgründige, mißtrauische Müdigkeit nicht aufheben.

Ich denke da an den heiligen Franz von Sales. Nach langer innerer Qual, die ihn den Gedanken nicht loswerden ließ, er sei verdammt, stößt er zur Freiheit durch. Es durchbebt ihn: Ob ich gerechtfertigt bin oder nicht, ob ich verdammt werde oder nicht, du, mein Gott, bist groß; und weil du Gott bist, will ich dich anbeten, dich loben! Mit einem Schlag verschwinden die Ängste, er kann wieder atmen.

Gott ist Gott, und ich bin, daß es ihn gibt, daß er groß ist. Ich anerkenne das, ich öffne mich ihm, ich lasse ihn groß sein. Ich lobpreise ihn. Einfach weil er groß ist und ich bin, daß er groß ist, ist alles anders. Daß es ihn gibt, daß Er Gott ist, das rückt das Verhängnis meines und allen Daseins zurecht, zum Ruf, zur Gabe. Im Lobpreis, im „magnificare" ist die Existenz des Menschen und der Welt „gerechtfertigt".

Erst wo wir Lobpreis wagen, über uns und unsere Ängste hinaus, reißt der schwarze Himmel auf, kommt die Welt ins Lot, kann der Mensch atmen. Ich kann nicht bestehen, wenn ich nicht vor ihm stehe, um ihn zu loben. Nur im Lobpreis ist meine Niedrigkeit angeschaut, geschieht Rechtfertigung, Heil. Lobpreis und Rechtfertigung, der große Gott und der versöhnte Mensch – dies ist das Lied der Engel über Christi Geburt: „Verherrlicht ist Gott in der Höhe, und auf Erden ist Friede bei den Menschen seiner Gnade." (Lk 2,14)

Lobpreis: Sanctus

I

Ein Mensch, der mir nahestand, war in den Wochen vor seinem Sterben oft hineingetaucht in den Zustand zwischen Verhüllung und Helle, überwacher Gegenwart und Verschwimmen der Konturen. Wenn wir ihn ansprachen, gab er uns mitunter die Antwort: „Ich habe jetzt keine Zeit, ich muß ‚Sanctus' singen."

Sterben als Aussonderung, um „Sanctus" zu singen.

Ausgesondert werden von dem, was „normalerweise" läuft, dem Verfügen, ja Berühren entzogen werden, übereignet werden an das Größere, an das, was in einer anderen Ordnung steht, im Grunde aber das einzig Notwendige und wahrhaft Wirkliche ist: an das Heilige, *den* Heiligen – das heißt: weihen, opfern, heiligen.

In der Tat, solche Bestimmung für das Heilige, den Heiligen hat zutiefst mit dem Tod zu tun, mit der Weggabe des Lebens über sich selbst hinaus ins Geheimnis.

Unser Leben lebt von dieser Grenze her, und gerade wenn man sich bemüht, alles zu enttabuisieren, nichts zu immunisieren, schafft man neue Absolutheiten, Tabus, Ideologisierungen. Ohne den Gang an die Grenze, ohne jenen Überschritt, der sie wahrt, ohne das „Weihen" und „Heiligen" verliert das Leben Gestalt und Tiefe, es wird flach, fällt in sich zusammen.

Wir alle sind an die Grenze, über die Grenze gerufen. Sterbenmüssen ist unser Leben: Sterbenmüssen aber nicht als bloßes Verschwinden und Vergehen, sondern als Hinübergang, als Begegnung mit dem Geheimnis.

Zwei Fragen zugleich bedrängen uns hier. Die erste: Wie die Begegnung bestehen? Wie also „Gott sehen und nicht sterben" (vgl. Ex 33, 20) – oder sterben und Gott sehen, ohne an ihm die Augen und das Herz zu verbrennen?

Die andere Frage: Wenn Leben Leben zum Tode, zum Geheimnis hin ist, wenn wir dem Tode, besser: durch den Tod dem Geheimnis „geweiht" sind, was hat dann das Leben, das sich vor dem Tode zu etablieren und zu schützen sucht, für einen Sinn? Also: Wie sollen wir sterben können – wie sollen wir leben können?

Die Opfer, der Kult als Ablösung des eigenen Todes durch die stellvertretende Weihung, Tötung anderen Lebens bezeugen ebenso die Unausweichlichkeit der beiden Fragen wie unsere Ohnmacht, sie aus uns selbst zu lösen. Wir kommen nicht daran vorbei: Nicht nur unser Sterben, wir selbst, unser Leben sind bestimmt, das „Sanctus" zu singen, sich zu weihen. Paulus sagt: „Angesichts des Erbarmens Gottes ermahne ich euch, meine Brüder, euch selbst " – und der griechische Urtext sagt es hart: eure Leiber – „als lebendiges und heiliges Opfer darzubringen, das Gott gefällt; das ist für euch der wahre und angemessene Gottesdienst" (Röm 12, 1).

Die Ermahnung allein löst aber noch nicht die Frage: Wie geschieht das, ja wie kann es geschehen?

Doch hinter der Ermahnung steht die Erfahrung, die neue Erfahrung, besser: die im Glauben ergriffene neue Wirklichkeit: „Wir wissen, daß Christus, von den Toten auferweckt, nicht mehr stirbt; der Tod hat keine Macht mehr über ihn. Denn durch sein Sterben ist er ein für allemal gestorben für die Sünde, sein Leben aber lebt er für Gott. So sollt auch ihr euch als Menschen begreifen, die für die Sünde tot sind, aber für Gott leben in Christus Jesus" (Röm 6,9–11).

Zurückübertragen in unser leitendes „Sprachspiel": „Heilige (sanctifica) sie in der Wahrheit; dein Wort ist Wahrheit. Wie du mich in die Welt gesandt hast, so habe auch ich sie in die Welt gesandt. Und ich heilige mich für sie, damit auch sie in der Wahrheit geheiligt sind" (Joh 17,17–19).

Es gibt einen, der ganz und gar dem Vater gehört, dessen Leben von Anfang an und bis ins Innerste Hingabe an den Vater ist, dessen Leben „Sterben" in den Vater ist – und sein Tod ist deshalb Sterben ins Leben, Heimgang zum Vater, Verherrlichung des Vaters und Verherrlichtwerden vom Vater. Sein Leben ist Sterben in den Vater, sein Tod Leben im Vater.

Und wir sind in ihm. Er *ist* der Stellvertreter für uns. In ihm sind wir geschaffen, er hat *unser* Leben in seinem Leben, *unser* Menschsein in seiner Menschwerdung, *unsern* Tod und *unsere* Schuld in seinem Sterben auf sich und in sich genommen. Er heiligt sich für uns, auf daß wir in Wahrheit geheiligt seien. In ihm sind wir befähigt, Leben und Sterben zur

Gabe an Gott werden zu lassen, Leben und Tod angesichts Gottes zu bestehen (vgl. Phil 1,21; 2,17; 3,7–11).

Sein Leben und seinen Tod können wir kommunizieren, er selbst will unsere Opfergabe werden – und wir werden zur Opfergabe in ihm. Eucharistie ist der Inbegriff und die stets neue Gegenwart seines und unseres Lebens und Sterbens, sein und unser beständiges „Sanctus".

In ihr verdichtet und vollendet sich das „Wort" des Vaters, das dieser dem Sohn gegeben hat und in welchem die Heiligung in der Wahrheit geschieht. In diesem seinem Wort, entlang diesem seinem Wort, das Leitplanke, Inhalt, Wort unseres Lebens werden will, geschieht andauernd die Verwandlung unseres Lebens in die heiligende Hingabe unserer selbst, unseres Leibes in die lebendige Opfergabe. Die Ermahnung des Apostels Paulus, die wir vernahmen, setzt sich fort: „Gleicht euch nicht dieser Welt an, sondern wandelt euch und erneuert euer Denken, damit ihr prüfen und erkennen könnt, was der Wille Gottes ist: Was ihm gefällt, was gut und vollkommen ist" (Röm 12,2).

So können wir das Wort des Sterbenden abwandeln und zu einem Wort unseres Lebens werden lassen: Ich habe Zeit, hier und jetzt, mit dem Leben betend und aus dem Leben heraus betend das „Sanctus" zu singen.

II

Spricht das „Heilig, heilig, heilig" zu Gott in der zweiten oder von Gott in der dritten Person? Beides zugleich.

Wenn Gott mir heilig ist, dann muß ich es ihm sagen: zweite Person.

Wenn Gott mir heilig ist, dann muß ich es den anderen sagen: dritte Person.

Wenn Gott mir heilig ist, dann drängt Anrede zum Zeugnis und drängt Zeugnis zur Anrede; dann ist Leben Gebet und wird Gebet Leben.

III

Wer betet, der sagt „Sanctus", er weiht sein Wort, seine Zeit, sein Herz dem Heiligen. Er läßt ihn als den Heiligen aufgehen – und „heiligt sich". Man kann nicht beten und etwas anderes wollen als ihn, etwas anderes wollen als er. Dann aber hat Beten etwas zu tun mit Heiligwerden, mit der Heiligung des Lebens.

Gebet führt meinen Willen über vier Stufen zur Heiligkeit, zur Einheit mit dem allein heiligen Willen Gottes.

Du bist mir heilig, dein Wille ist mir heilig: ich kann nicht wollen, was du – auch im kleinen und einzelnen – nicht willst (lieber sterben als bewußt in irgend etwas dem Willen Gottes zuwiderhandeln).

Du bist mir heilig, dein Wille ist mir heilig: ich will nichts ablehnen, worum du mich fragst, wozu du mich einlädst (in allem *gleichförmig* werden mit dem Willen Gottes).

Du bist mir heilig, dein Wille ist mir heilig: ich will von mir her in allem das wollen, was du willst, so wollen, wie du willst, und zwar immer, sofort und mit Freude (in allem – wie der heilige Alfons von Liguori sagt – *einförmig* werden mit dem Willen Gottes).

Wer so betet, wen Beten bis dahin führt, bei dem ist das eigene Ich, das eigene Sein hineingenommen in das anbetende und kündende „Sanctus". Er ist ein Heiliger, weil und indem der Herr ihm und in ihm der „solus Sanctus", der „allein Heilige" ist.

IV

Der Heilige, das ist noch nicht das Letzte und das Ganze. Die vier Stufen vollenden sich – oder auch: sie werden getragen und geleitet – durch etwas Fünftes: So sehr ich als ich selbst, unvertretbar, mitunter in letzter Einsamkeit das „Sanctus" zu sprechen und zu leben gerufen bin – ich bin nie allein gerufen. *Mein* Gott ist *unser* Gott, *meine* Heiligkeit ist *unsere* Heiligkeit. Heiliges Leben ist Leben der Ecclesia Sancta, Ausdruck und Teilhabe, Geschenk und Auferbauung der Heiligkeit „der Braut des Lammes".

Drei Kennmale prägt dies meinem Beten und Leben auf.

Einmal will ich „meinen Gott" und „meine Heiligkeit" nicht für mich allein haben, sondern für die anderen. Ich bete und lebe für ...

Sodann will ich meine Nähe zu Gott und „meinen"

Willen Gottes nicht von mir allein haben. Ich bete aus dem Beten der Kirche und bin jenen gehorsam, die seinen Willen mir zu künden und zu deuten haben. Der Mut zu mir selbst ist nötig, die Vorliebe für mich selbst ist tödlich.

Schließlich bete ich und lebe ich im Ganzen der Gemeinschaft, der Kirche. Sie ist mein Ich, ich bin ihr Ich vor Gottes Du. Erst so ist mein Ich wahrhaft weg- und in dieses Du Gottes hineingegeben. Einförmigkeit mit dem Willen Gottes ist vollendet erst in gemeinsamer Heiligung, im Eingehen in Jesu Testament: Laß alle eins sein, wie du, Vater, in mir bist und ich in dir bin (vgl. Joh 17,21–23).

Veni – Komm!

Gibt es ein ganz großes Gebet, das ganz knapp ist? Ein Gebet in nur einem Wort?

Veni – komm!

Es ist ein Urgebet.

Das Urgebet des Advent – das Urgebet um den Geist.

*

Adventsgebet: Ruf der Braut, die auf den Bräutigam wartet, bis er sich offenbart in seiner Herrlichkeit und ihr das bestaubte Pilgerkleid abnimmt, um sie für ewig in seine eigene Herrlichkeit zu hüllen (vgl. Offb 22,5). Adventsgebet also, in dem die Kirche, die Menschheit, wir hinausrufen über das wechselvolle Meer der Geschichte hin zum Strand, an dem der Auferstandene steht und uns zum Mahle einlädt (vgl. Joh 21,4–13).

Adventsgebet auch dessen, der weiß: Der Herr ist da, er sieht mich und begleitet mich. Doch wie das Kind immer neu in die offenen Arme der Mutter hineinläuft, die Liebende von dem, den sie liebt, immer neu an sich gezogen werden will, so und noch mehr erkennt der Glaubende: Da-sein selbst ist beständige Steigerung, Nähe ist immer mehr und immer wieder

Kommen. Alles will gelöst, verwandelt, erfüllt werden vom je größeren Gott. Er soll der je nähere Gott für mich sein. „Wer mich aber liebt, wird von meinem Vater geliebt werden, und auch ich werde ihn lieben und mich ihm offenbaren ... Wenn jemand mich liebt, wird er an meinem Wort festhalten; mein Vater wird ihn lieben, und wir werden zu ihm kommen und bei ihm wohnen" (Joh 14, 21 b und 23).

*

Geist-Gebet: Die großen Gebete um den Geist, das Veni Creator, die Pfingstsequenz, das Veni Sancte Spiritus, heben alle mit dem „Veni" an. Wir können nur im Geist zu Jesus „Herr" und zum Vater „Vater" sagen. Aber nur im Sohn, sozusagen zwischen Sohn und Vater, können wir den Geist finden – und um ihn bitten. Wer um ihn bittet, der ist schon im Spiel der Liebe zwischen Sohn und Vater, der sagt zum Geist, zu der Gabe des einen an den anderen, des anderen an den einen: „Komm" – und er kommt immer neu und immer mehr, bis wir aus aller Ferne, Dürre, Härte, Schwäche, Fremde eingeholt sind ins Mitspielen und dieses Mitspielen dort anzetteln helfen, wo eben die Ferne, Dürre, Härte, Schwäche, Fremde herrschen.

Veni – hol uns in dein Spiel, in deine Liebe, und sende uns, damit viele „veni" rufen.

Das Gebet der Braut: Liturgie

Die Welt läuft nicht ins Nichts, die Welt läuft ins Fest.

Das Fest hat begonnen. Es ist das Hochzeitsmahl des Lammes. Des Lammes, das geschlachtet ward. Das Lamm ist der Bräutigam. Er hat sich hingegeben. Er hat uns in sich hingegeben. Er hat uns sich zur Braut erworben. Und er wird kommen, die Braut heimzuholen, auf daß nur noch dieses eine sei: das große Fest.

Für dieses Fest sind wir erschaffen. Für dieses Fest ist die Welt erschaffen. Alles will lobsingen, und die Engel vollbringen den stummen Lobgesang der Schöpfung, das Sein der Geschöpfe ins jubelnde Dreimal Heilig.

Aber die Liturgie des Kosmos erreicht erst ihr Maß im Menschen. Er ist Staub, er ist Stoff. Aber in ihm sagt der Stoff: Gott. Und Gott sagt sich in ihm hinein in die Welt. Er ist Gottes Mund in der Welt, Gottes Hand in der Welt, die hegend und fügend das Mal seiner Liebe den Geschöpfen aufprägen soll.

Die kosmische Liturgie ist erschüttert, sie ist durcheinandergeraten. Denn nicht nur der Engel des Lichts wurde zum Satan, auch der Mensch wollte von sich her sein wie Gott, und so verlor nicht nur er, sondern auch die Welt den Klang des Festes und den Glanz der ungetrübten Ordnung.

Daß der Mensch als Liturge, als Priester der Schöpfung erschaffen ist, dies aber konnte er nicht vergessen. Alle Kultur der Geschichte wuchs unter dem Zeichen des Kultes. Und auch durch die Wirrungen und Irrungen verkürzten und entstellten Gottesdienstes zieht sich der heimliche Gesang des Advent.

In Jesus hat Gott selbst inmitten der Welt die neue Hochzeit gestiftet. Der Bräutigam Jahwe, der sein Volk erwählt, er ist in ihm Mensch geworden. Und alle Untreue der Braut Menschheit hat er in seinem liebenden und durchbohrten Herzen verbrannt. Wir sind versöhnt. Das Opfer der Versöhnung und das Hochzeitsmahl des kommenden Reiches sind eins in der Eucharistie. Und jene, die der Einladung zum Hochzeitsmahl folgen, jene, die ihre Kleider waschen im Blute des Lammes, sie sind nicht nur die Gäste, sie sind die Braut. In ihnen bereitet sich die Braut Menschheit fürs Fest. Und diese Braut hat alle Stimmen der Völker, sie trägt im Herzen „Freude und Hoffnung, Trauer und Sorge der Menschen" (vgl. GS, 1). Aber die Stimme der Braut ist mehr als nur je die meine und die deine. Es ist die Stimme der erlösten Menschheit, die im Geist den Bräutigam ruft und mit den Worten des Bräutigams, mit der Liebe des Bräutigams diesen selbst herbeizieht in den Pilgerweg, den sie ihm entgegengeht.

Die Welt hat wieder eine Mitte, die Welt hat wieder einen Sinn. Denn ihre Liturgie lebt; der Bräutigam ruft die Braut, und die Braut ruft liebend im Geiste den Bräutigam.

Feiere Liturgie: rufe mit der Stimme der Braut – leihe der Braut deine Stimme.

Mit der Stimme der anderen

I

Ein Jünger sagt zum Meister: „Warum beten wir so oft nicht mit unseren eigenen Worten, sondern mit den Worten anderer, mit den Gebeten, die uns die Väter und die Heiligen gelehrt haben? Wenn ich die Stimme anderer annehme, bin wirklich ich es, der da betet?"

Der Meister antwortet: „Die Gebete der Väter und der Heiligen sind Schlüssel, die das Herz Gottes aufzuschließen vermögen. Und wenn wir uns von diesem Schlüssel das Herz aufschließen lassen, dann werden in uns Worte erwachen, die Gottes Herz aufschließen und anderen das Herz aufschließen."

II

Manchmal wird es uns schwer, vorgegebene Gebete zu vollziehen. Sicher, niemand ist genötigt, gewisse Formen und Formeln, mit denen er nicht leicht etwas anzufangen weiß, seinem persönlichen Gebet aufzuerlegen. Gott liebt die Vielfalt und die Unmittelbarkeit der menschlichen Herzen und Stimmen.

Es gibt da zwei Nöte, zwei Schwierigkeiten.

Die eine: in der Liturgie. Vieles an ihr ist fremd; vielleicht noch fremder, wenn es in der Muttersprache an mich herankommt. Die Spannung zu meiner, unserer Lebenswelt wird noch deutlicher. Kann *ich*, wahrhaft *ich* so beten?

Die andere: beim freien Beten in Gemeinschaft, auch bei der Gestaltung der „Freiräume" in der Liturgie. Daß ich da hineingenommen werde ins Ich eines anderen, in den Stil und die Empfindungen einer Gruppe, die „etwas vorbereitet hat", kann mir mitunter schier das eigene Atmen blockieren.

Doch genau hier haben wir die entscheidende Stelle erreicht.

Daß in der Liturgie ich mich von der Sprache der anderen Epoche, von der Sprache der Kirche im Ganzen in meinem Eigenen „beengen" lasse, ist, tiefer betrachtet, Herzerweiterung. Ich bete mit einem größeren Herzen als nur dem meinen. Ich überspringe und verdränge die Spannung nicht, aber ich halte sie aus – und so wird sie fruchtbar. Deine Stimme, die Stimme des Ganzen, gehört zu meiner Stimme.

Und so kann es auch bei den Gliedern einer Familie, eines Kreises, einer Gemeinde kostbar sein, wenn wir im Ringen um das Eine, Ganze, Gemäße über uns hinaushorchen, um uns zuerst bedrängen und um uns sodann beschenken zu lassen vom anderen in seiner Andersheit.

Hier wird ein neuer Sinn dafür erwachsen, daß Treue zu vorgegebenen Formen mehr ist als ein Legalismus; hier wird zugleich die Fähigkeit wach, sich selbst im anderen, den anderen in sich selbst und so den Herrn in der Mitte beim Gebet gegenwärtig zu halten.

Stellvertretend beten

Ein Priester und ein Ordenschrist – übrigens auch ein Bischof – hören kaum eine andere Bitte so oft wie diese: „Beten Sie für mich!" Und diese Bitte kommt keineswegs nur von jenen, denen man sie zutraut.

Es gibt etwas wie ein Grundwissen darum, daß der Beter nicht nur an seiner eigenen Stelle steht, sondern auch an der Stelle seines Nächsten.

Die Bitte, für einen anderen zu beten, kennt drei Grundstellungen.

In der ersten heißt solches Bitten ums Gebet soviel wie: Bitte mit mir, bete mit mir, damit wir miteinander und mit dem Herrn in unserer Mitte zum Vater gehen!

Die zweite Grundstellung meint: Bitte für mich, bitte an meiner Stelle. Ich traue es mir nicht zu oder ich kann es nicht; ich glaube nicht ganz oder meine, nicht ganz zu glauben, aber ich glaube sozusagen an deinen Glauben!

Die dritte Grundstellung: Jemand bittet um das stellvertretende Gebet für einen anderen, der vielleicht gar nicht weiß, daß für ihn gebetet wird, ja es vielleicht nicht einmal will.

Was bedeutet stellvertretendes Gebet für einen, der sozusagen nicht „im Bunde" mit dem Glauben des Beters ist?

Jeder ist er selbst und das Ganze, die anderen, die wie auch immer zu ihm gehören. Seine Freiheit ist nicht zu trennen von dem Atemraum dessen, was in seiner Welt, was in der offenbaren oder geheimen Brennweite seiner Kommunikation geschieht. Nicht nur was ich tue, nicht nur was von mir ausgeht, bestimmt mich, sondern auch was auf mich zukommt. Und hier gibt es eine einzigartige Macht der Liebe, des Ja, das zu mir gesprochen wird. Es ersetzt nicht meine Freiheit, aber es „beatmet" sie, weht ihr jenen Wind zu, aus dem das, was in ihr glimmt, wieder angefacht werden und aus sich selbst entbrennen kann.

Im stellvertretenden Beten ist freilich ein noch tieferes Geheimnis umschlossen. Wirksame Stellvertretung bis ins Innerste und Tiefste hinein vermag nur einer, jener, der die Freiheit des Menschen geschaffen hat. Die göttliche Freiheit kann von innen her mit der menschlichen kommunizieren. Der Sohn Gottes ist Mensch geworden, er hat an unserer Stelle das Ja zum Vater gesprochen, welches wir in ein Nein verkehrt hatten. Er hat unsere Last getragen, wir sind wahrhaft drinnen in seiner Todeshingabe am Kreuz.

Indem aber er uns schenkt, aus seinem Ja neu Ja sagen, neu mit ihm uns dem Vater schenken zu dürfen, gibt er uns eine wunderbare weitere Macht: uns zu verbinden mit seiner stellvertretenden Liebe, sie uns zu eigen zu machen in der betenden Kommunion mit ihm.

Wer von seiner Liebe getroffen wird, der kann im Grunde nicht anders, als sich mit dieser Liebe des Herr für die anderen, für alle zu verbinden. Er fügt nichts der Erlösungstat Jesu hinzu, dies ist weder nötig noch möglich. Aber er ist sozusagen ein Spiegel, der ihr Licht auffängt und weiterstrahlt, so daß es um so heller und weiter den Raum menschlicher Geschichte ausleuchtet. Mit dem Herrn, mit seinem Beten, Leben und Leiden sich zu vereinen, um inmitten des Nein das Ja zu leben und für jene, die Nein sagen, das Ja greifbar und ergreifbar werden zu lassen, dazu sind wir miteinander und füreinander gerufen. Wir dürfen mit Jesus das Leben der anderen zu Gott „beten", sie dürfen unser Gebet, wir dürfen ihr Gebet sein.

Betet ohne Unterlaß

Wenn wir beten, sollen wir nicht viele Worte machen (vgl. Mt 6,7). Und doch gilt: „Betet ohne Unterlaß!" (1 Thess 5,17).

Unser Beten braucht zugleich Gelassenheit und Inständigkeit. Unser Beten braucht jenes Vertrauen, welches nicht auf sich, sondern auf den Herrn baut, der die Herzen kennt, und zugleich jene Wachsamkeit, die das Herz nie aus der Hinwendung zum Herrn entläßt. Unser Beten braucht – und hier fallen die scheinbaren Gegensätze in eins – einfach die Liebe.

Ohne Unterlaß beten, das heißt: in Jesus Christus, im Sohn sein. Er ist immer hingewandt zum Vater, er empfängt sich immer von ihm und schenkt sich immer ihm. Je mehr wir unser Leben durchsichtig in das Ja des Sohnes zum Vater gründen, desto mehr wird unser Leben zum Gebet – und im selben Atem des Geistes zum weltzugewandten Tun des Willens Gottes.

Damit aber unser Leben wahrhaft Gebet sei, braucht es *als* Gebet, was alles Leben braucht: Zeit. Und diese Zeit geschieht im unvorhersehbaren Einmal der Stunde wie in der stillen Regelmäßigkeit des Rhythmus, der unseren Tag gliedert, unsere Woche sammelt, unser Jahr gestaltet.

Und noch etwas braucht das Gebet, um Leben zu sein, braucht das Leben, um Gebet zu sein: die winzigen Augenblicke der Kontaktaufnahme, den Blickkontakt mit dem beständig nahen Freund Gott. Man nannte es früher das „Stoßgebet". Ja, es braucht diesen Stoß durch das sich festziehende Netz der Wichtigkeiten und Nichtigkeiten, damit wir immer vom Ablauf zur Beziehung, von der Planung zur Begegnung, vom Es zum Du, von der Objektivität zum liebenden „Für" hinüberwechseln.

„Blickt auf zu ihm, so wird euer Gesicht leuchten" (Ps 34,6).

Ein Gott
von Lebenden und nicht von Toten

Die Antwort Jesu an die Sadduzäer, die nicht an die Auferstehung der Toten glauben, eröffnet eine Sicht der Welt. Wenn Gott der Gott Abrahams, Isaaks und Jakobs ist, dann hat es nicht damit sein Bewenden, daß diese tot sind. Denn Gott ist nicht ein Gott von Toten, sondern von Lebenden. Ihm leben alle (vgl. Mt 22,23–33).

Wenn sie ihm leben, dann können wir, mit ihm im Gebet kommunizierend, mit ihnen kommunizieren. Es ist das Gegenteil von irgendeiner „Jenseits-Beziehung", die sich an Gott allein, an seiner einzigen und alles umfassenden Lebendigkeit vorbeidrückt, das in der Macht des Todes Entzogene doch wieder heimlich herüberziehen will in die Welt unseres Erprobens und Verfügens. Im Gegenteil. Jene, die für Gott lebendig sind, sie sind verwahrt unter Gottes heiliger Macht. Aber diese heilige Macht Gottes selber ist nicht ein von den Gewittern der Unnahbarkeit entzogener Berg, sondern der je Größere, je Geheimnisvollere, je Künftige ist zugleich der je Nähere. Sein Sohn hat uns den Zugang zu ihm eröffnet, prosagogé, ein neutestamentlich bedeutsames Wort (vgl. Röm 5,2; Eph 2,18; 3,12). In dieser Zugänglichkeit Gottes aber sind jene zugänglich, die bei ihm und in ihm sind. Erinnerung beugt sich für den Glaubenden nicht zurück in ein entsunkenes Es-war-einmal, sondern streckt sich nach vorne aus, in den gegenwärtigen Herrn hinein und findet in ihm das, dessen sie sich erinnert, in einer neuen, verwandelten, erfüllten Gegenwart.

Wir sind die *vom gegenwärtigen Gott* Gerufenen, wir können ihn anrufen, wir können in ihm die anrufen, die bei ihm sind. In diese Dehnung unserer Zeiterfahrung hinein greift eine neue Gleichzeitigkeit, eine Communio ohne Ende und Grenze.

Die Heiligen anrufen, der Verstorbenen im Gebet gedenken, mit den in Gottes Herrlichkeit Vollendeten und für die seiner Begegnung Harrenden beten und sich in die Gemeinschaft des Gebetes hineingeben, welche der Tod nicht zerschneidet: das ist die Welt-Anschauung des Betens zu dem Gott, der nicht ein Gott der Toten ist, sondern der Lebenden, Gott, dem alle leben.

Der Chor des Betens

Die Jünger kommen nach einer festlichen Liturgie zum Meister und sagen ihm: „Alles lief so gut und schön, und doch fehlte etwas. Ist es auch dir aufgefallen, Meister?"

Er erwidert: „Es fehlte die vollkommene Einheit."

Sie fragen zurück: „Wie können wir diese Einheit gewinnen?"

Der Meister führt sie in die Kirche und lenkt ihren Blick auf die Mauer. „Schaut diese Mauer an: Jeder Stein ist vom anderen getragen, jeder Stein trägt den anderen, jeder Stein fügt sich nahtlos an den anderen. Nur wenn jeder bereit ist, jeden zu tragen und das Ganze zu tragen, nur wenn jeder bereit ist, von jedem getragen zu werden und vom Ganzen getragen zu werden, nur wenn jeder sich anschließt an den anderen neben ihm, nur dann seid ihr ein Haus aus lebendigen Steinen. Und nur in einem solchen Haus ist Gottes würdige Wohnung".

„Symphonisches" Beten

Manchmal ist es gut, auch von guten und richtigen Übersetzungen eines Schriftwortes in den Urtext zurückzustoßen. Die Fremde einer anderen Sprachwelt, eines anderen Ausdrucksgefüges kann uns helfen, die Tiefe dessen aufzubrechen, was uns da gesagt ist. Mir scheint, das trifft auch zu für einen im Kontext des Betens besonders wichtigen Vers aus der „Gemeinderede" im Matthäusevangelium: „Weiter sage ich euch: Alles, was zwei von euch auf Erden gemeinsam erbitten, werden sie von meinem himmlischen Vater erhalten" (Mt 18,19). Dem Wortlaut des Urtextes sich entlangtastend, kann man dessen eindringliche Umständlichkeit etwa so wiedergeben: „Weiter sage ich euch: Wenn zwei aus euch auf Erden übereinstimmen werden über irgendeine Sache, um sie zu erbitten, dann wird es ihnen von meinem Vater in den Himmeln zuteil werden." Und dieses „Übereinstimmen" oder „einstimmig sein" heißt im griechischen: symphoneîn. Es sieht im Text so aus, als ob das Erbitten zwar die entscheidende Spitze des menschlichen Vollzuges hier sei, diese Spitze aber sich durch eine breite voraufgehende Abstimmung und Zusammenstimmung erst ergebe, auf ihr als Basis aufruhe. Also nicht: Bitte, und um so besser, wenn ihr es gemeinsam tut!, sondern: Stellt Übereinstimmung her, klingt zusammen, dann bittet! Und es ist ebenfalls zu bemerken, daß es sich um jedwedes Ding, um jedwede Sache handelt, daß also der Gegenstand gänzlich offengelassen, dieses Offenlassen aber betont wird. Im „symphoneîn" liegt das Gelenk zwischen der Sache, um die es geht, und dem bittenden Vollzug, der dann aufsteigt von der Erde zum Himmel, von den zwei Menschen zum Vater.

Daß der folgende Vers von „zwei oder drei" spricht, die im Namen Jesu versammelt sind, legt nahe, nicht auf die Zweizahl als solche den Ton zu legen, sondern auf die Mehrzahl, die eben im „symphoneîn" zur Einheit wird. Die Rede von den Zweien bzw. von den Zweien oder Dreien nennt die geringstmögliche Mehrzahl, um darauf anzuspielen, daß es nicht um viele oder wenige, sondern um die Qualität des Miteinander, der Übereinstimmung oder Gemeinschaft geht, eben um das „symphoneîn".

Etwas Weiteres fällt auf: Den Zweien auf Erden entspricht der Vater in den Himmeln. Erde und Himmel, Gebet hier und erhörende Vollmacht dort, das ist zumindest im Klang eine Parallele zum voraufgehenden Vers: „Amen, ich sage euch: Alles, was ihr auf Erden binden werdet, das wird auch im Himmel gebunden sein, und alles, was ihr auf Erden lösen werdet, das wird auch im Himmel gelöst sein" (Mt 18,18). Gemeinsames Beten hier und jetzt ist eine „Vollmacht", der der Vater im Himmel korrespondiert, entspricht, antwortet.

Fragen wir über unseren Text hinaus, wo die innere Begründung dafür liegt, daß gemeinsamem Bitten und in diesem Bitten der Einheit der Bittenden ein solches Gewicht zukommt. Dieses gemeinsame oder „symphonische" Moment des Gebets ist, so dürfen wir sagen, kein Zusatz zum Gebet, sondern ein Wesensmerkmal, ein Grundcharakter des Gebetes. Aufschlußreich ist, daß die Gewißheit der Erhörung gemeinsamen Betens in unserem Text durch den folgenden Vers wie folgt begründet wird: „Denn wo zwei oder drei in meinem Namen versammelt sind, da bin ich mitten unter ihnen." Dem Vater im Himmel entspricht der Christus auf der Erde, aber sein Dasein auf Erden beschränkt sich nicht auf seine in sich allein stehende Existenz, sondern dieses Dasein ist dort gewährleistet, wo eben Versammlung in seinem Namen, Einheit in seinem Namen geschieht. Wo mehrere einmütig bitten, da bittet mit ihnen und zwischen ihnen Christus selbst, dem Sohn aber schlägt der Vater nichts ab.

Wo zwei einig sind, erhört sie der Vater in jedweder Sache. Denn er hört auf den Sohn, und der Sohn ist dort, wo zwei – das eine Mal heißt es: in jedweder Sache, das andere Mal heißt es: im Namen des Sohnes – vereinigt sind.

Um den Zusammenhang (hier nicht im strengen Sinne exegetisch, wohl aber in einem umgreifenden Sinne theologisch) zu verstehen, müssen wir die Situation des 18. Matthäuskapitels verlassen, um sie als Umkehrung und Konsequenz aus einem Grundtatbestand unserer Erlösung zu sehen.

Wenn ich zum Vater gehe, wenn ich zu ihm bete, wenn ich ihm meine Gabe darbringen möchte, dann gehe ich zu einem, der sich um mich sorgt, dem an mir in seiner grenzenlosen Liebe gelegen ist. Aber genauso, wie ihm an mir allein gelegen ist, ist ihm an jedem anderen allein gelegen. Ich habe den Vater gar nicht im Blick, wenn ich nicht seinen Blick mit im Blick habe, der ganz mir, aber ungeteilt auch den anderen gilt. Ich komme nur dann wahrhaft an sein Herz, wenn ich dieses Herz nehme, wie es ist – und so, wie es ist, wohnen in diesem einen Herzen eben mit mir auch alle die anderen mit drinnen. Aus diesem inneren Grund ist es unmöglich, unversöhnt mit anderen sich an den Vater wenden zu wollen. Gebet setzt Versöhnung, Gemeinschaft, Mitsein voraus, weil ohne solche Versöhnung, ohne Mitsein und Gemeinschaft der, zu dem ich bete, gar nicht er selber ist. Er ist der Vater, der mich liebt, der aber, *mich* liebend, *uns* liebt – dieses Wir kennt keinen Abstrich und keine Ausklammerung. Daher das gestrenge Wort der Bergpredigt: „Wenn du deine Opfergabe zum Altar bringst und dir dabei einfällt, daß dein Bruder etwas gegen dich hat, so laß deine Gabe dort vor dem Altar liegen; geh und versöhne dich zuerst mit deinem Bruder, dann komm und opfere deine Gabe" (Mt 5, 23 f.). Deshalb ist auch Gottes Vergebung laut dem Vaterunser und laut dem Schlußteil unseres 18. Matthäuskapitels an unsere Vergebung für den Bruder gebunden. Es gibt ein „symphoneîn", ein Übereinkommen und Übereinstimmen aller in der Liebe des Vaters, das so wesenhaft zum Vater selber gehört, daß ich gar nicht zu ihm beten kann, ohne diesem „symphoneîn" in meinem Beten selbst Rechnung zu tragen. Ich bete also auch, wenn ich allein bete, nicht nur im Angesicht Gottes, sondern weil ich im Angesicht Gottes bete, im Angesicht aller Schwestern und Brüder.

Dieses „symphoneîn" wird nun aber dichteste

Realität in Jesus Christus, im menschgewordenen Sohn Gottes. Er bringt die Botschaft vom Vater aller als die Botschaft von der universalen Brüderlichkeit. Er bringt die Herrschaft des Vaters, indem er Versöhnung aller mit dem Vater und miteinander wirkt. Ja, er faßt das Schicksal aller, die Unversöhntheit aller in sich selber zusammen, und den Tod und die Schuld eines jeden einzelnen in sich ausleidend, erhalten alle, die von Gott und voneinander getrennt sind, in ihm ihre Einheit. Er ist der Friede zwischen Himmel und Erde, der Friede zwischen Fernen und Nahen, er ist das „symphoneîn" schlechthin. Wer zum Vater betet, der betet ausdrücklich oder einschlußweise „per Christum Dominum nostrum" – „durch Christus unsern Herrn". Sein Gebet fädelt sich also zum Vater hin ein durch diese universale Kommunion, die der Sohn selber ist.

Und nun eben der neue Schritt: Wo der Sohn ist, da ist „symphoneîn", Zusammengehörigkeit, Übereinstimmung. Und es gilt auch die Umkehrung: Wo Übereinstimmung, wo Einheit und Versöhnung ist, da ist er. Wenn wir in seinem Namen eins sind, ist er da. Und in seinem Namen eins sein und den Vater bitten, das heißt mit ihm und in ihm den Vater bitten, das heißt das Geheimnis des versöhnenden Christus selbst vollziehen, sichtbar machen, in es einstimmen, mit ihm in Einklang kommen.

Solche Übereinstimmung besteht nun aber nicht nur in einer prinzipiellen Absicht: Im Grunde meinen wir alle dasselbe!, sondern in einem Eingehen auf das Denken und Wünschen des anderen, in einer Art von liebender Annahme des anderen und Schicksalsgemeinschaft mit dem anderen, die Jesu unser

Schicksal teilende, uns annehmende Liebe mitvoll-
zieht. Einheit, „symphoneîn", in irgendeiner Sache –
kann das eigentlich geschehen und wachsen, ohne
daß das Maß des bei Johannes überlieferten Neuen
Gebotes sich erfüllt? Er ist für uns gestorben; nur
wenn wir einander lieben, weil er uns und wie er uns
geliebt hat, also bis zum Letzten und Äußersten, ist
seine Liebe da. Und nur wo seine Liebe da ist, ist er
da (vgl. Joh 13,34 f.).

Die Harfe

Die Jünger sagen zum Meister: „Höre, Meister. Wir besuchen doch alle dieselbe Schule und bemühen uns, nach deinem Beispiel zu beten. Und doch beten wir verschieden." „Gut so", sagt der Meister. „Das eine Wort, das im Geist zum Vater sich selber betet, ist so groß, daß es in den vielen Worten der Beter widerhallt. Und doch möchte das eine Wort sich selber ganz hören in eurem Beten." „Wie könnten wir das erreichen?" fragen die Jünger. Da holt der Meister seine Harfe und stellt sie in die Mitte. „Schaut diese Harfe an. Viele Saiten sind auf ihren einen Rahmen gespannt. Aber nur miteinander geben die vielen Saiten die volle, tönende Musik. Man hört zwar jeden einzelnen Ton, aber man hört ihn nicht als vereinzelten Ton, sondern man hört das Ganze. Vollkommenes Gebet ist das Gebet der Einheit in der Liebe, in welcher Christus selber, Gottes ewiges Wort, auf der von seinem Geist bewegten Harfe erklingt."

„Meine Stärke und mein Lied ist der Herr"

Es genügt nicht, daß Beten ein Tun, ein noch so häufiges und erfülltes Tun sei. Unser Sein will zum Gebet werden. Beten ist nicht nur ein Tätigkeitswort, sondern ein „Seinswort".

Doch was heißt das: Unser Sein will Gebet werden? Gebet ist jedenfalls eine Beziehung zu Gott, eine Einheit, in der Gott selber da ist und ich selber da bin, und zwar so, daß ich mich darin finde, indem ich Gott finde, und daß Gott darin gegenwärtig ist, indem er die Sache und der Sinn, das Wort meines Daseins ist.

Diese Beziehung ist dann freilich von ihrem Wesen her darauf angelegt, daß sie über den augenblicklichen, begrenzten Vollzug hinauswächst und mein Dasein im ganzen ergreift.

Man könnte sagen: Er ist, daß ich da bin – ich bin, daß Er da ist.

Kann man das nicht menschlicher und göttlicher zugleich sagen, betend sagen? Der Psalmsänger kann es: „Meine Stärke und mein Lied ist der Herr" (Ps 118,14).

Er ist, daß ich bin – Er ist meine Stärke. Ich bin nicht „an der Wand", ich bin nicht hineingedrängt und hineingedrückt in mich selber, so daß ich nicht mehr atmen kann. Er ist es, der mir auch dann noch

Lebensraum ist, wenn ich keinen in mir selber finde. Er ist mir inwendiger als ich mir selbst, er ist die Quelle, aus der mein Ich leben und bestehen kann, er ist meine Stärke.

Und ich bin, daß Er ist: Der Herr ist mein Lied. Mein Dasein zerfasert sich nicht in die ungezählten Wahrnehmungen und Reaktionen, in denen ich die Vielfalt dessen zu bestehen habe, was da auf mich einstürmt. Die Sprache meines Ich ist nicht die nervöse Prosa der hastigen Zeichen und Worte, die ich aussende, um mitzukommen und dabeizusein. Es gibt *ein* Wort, das durch alle Worte geht, und dieses Wort ist so stark und so groß, daß nicht nur ich es sage, sondern daß es zugleich sich in mir sagt. Dies aber ist der Gesang, ist das Lied: Wort, das seinen Atem in mir entfaltet, Wort, das, indem ich es vollbringe, mich vollbringt, Wort, das mich über mich hinausträgt.

„Der Herr ist meine Stärke und mein Lied": poetische Übersteigerung oder mystischer Grenzfall? Nein, im Ansatz zumindest bare Alltäglichkeit. Ja, es sind zwei gute Testfragen an mein Dasein und an mein Gebet und an das Einswerden beider: Bin ich freier und zuversichtlicher, weil Er ist? Kommt etwas ins Schwingen bei mir, weil Er ist? Wendet sich in Ihm etwas von meiner Bedrängnis in Stärke, etwas von meiner Sprachlosigkeit oder Einsilbigkeit oder Geschwätzigkeit ins Lied?

GEBET UND LEBEN

Das Gitter

Vom heiligen Hermann Josef, dem Mönch von Steinfeld, erzählt man: Er betete als Kind in einer Kirche, und hinter dem Chorgitter sah er Maria und den Jesusknaben. Flugs stieg er über das Gitter, um in dieser heiligen Gesellschaft zu verweilen. Am liebsten wäre er dort geblieben, aber Maria wies ihn darauf hin, daß seine Zeit abgelaufen sei und er zu seinen Pflichten zurück müsse. So stieg er von neuem über das Gitter, doch er verletzte sich dabei, und die Wunde erinnerte ihn an die Stunde der himmlischen Seligkeit.

Beten heißt: zweimal über das Gitter steigen. Einmal um den zu finden, der unendlich größer ist als wir und im unzugänglichen Lichte wohnt. Das andere Mal, um den zu finden, der sich klein gemacht hat für uns, der bei uns im Alltag, im Nächsten wohnt. Solcher Überstieg kostet aber eine Wunde: wir müssen uns lassen. Doch in der Wunde finden wir wiederum Ihn, der sich verwunden ließ aus Liebe zum Vater, aus Liebe zu uns.

Gelebtes Beten und gebetetes Leben

Mir geht jetzt seit mehr als 20 Jahren eine Begegnung mit einem Gastarbeiter nach. Er war jeden Abend nach seiner Arbeit für einige Minuten in der Kirche anzutreffen. Ich fragte ihn, ob er nicht zu müde und unkonzentriert sei, nach einem schweren Tagewerk vor dem Tabernakel zu verweilen. Er schaute mich verwundert an und sagte: „Wenn ich den ganzen Tag bei Ihm gewesen bin, dann kostet es mich keine große Umstellung, auch in diesen paar Minuten an Ihn zu denken."

Gebet und Gebot

Die Zehn Gebote (Ex 20, 1–17) sind eine Schule des Gebets.

Augenfällig ist dies – sobald wir ein wenig tiefer eindringen – bei der ersten Tafel, bei den ersten drei Geboten. Wir haben in unserem Alltag viele Götter, laufen dem und jenem nach, das für uns offenkundig oder verborgen die Aufschrift trägt: „Ganz wichtig!" Wir setzen in unserem Verhalten Prioritäten, welche die von uns prinzipiell vertretene Wertordnung tatsächlich auf den Kopf stellen. Gebet nun fängt damit an, daß wir Gott Gott sein lassen. Eigentlich müßten wir es uns am Anfang eines jeden Gebetes sagen: Du bist wirklich Gott, sei es auch für mich! Ich will dich meinen Gott sein lassen. Vielleicht wird dann unser Herz noch nicht sofort ruhig, vielleicht lassen uns die vielen Götzen noch nicht los aus ihrem Bann, aber es gelingt uns zumindest, diese unsere Versklavung zu bemerken und ihm, dem Größeren, auszuliefern, ihn zu bitten: Erlöse uns von dem Bösen! So fängt Anbetung an.

Das erste Gebot ist also die Grundlage. Genauer betrachtet, hebt Beten aber noch früher an, bei dem, was den einzelnen Geboten unmittelbar voraufgeht: „Ich bin Jahwe, dein Gott, der dich aus Ägypten geführt hat; aus dem Sklavenhaus." (Ex 20, 2) Gott erinnert also daran, daß er zuerst gehandelt, daß er sein Volk befreit, erlöst, durch seinen Ruf und seine Liebe als Volk gegründet hat. Wenn wir zu beten anfangen, wenn wir die Augen zu ihm erheben, dann hat er bereits zuvor uns angeschaut. Allein die Regung, beten zu wollen, die Augen zu ihm erheben zu wollen, ist schon Antwort auf seinen Blick. Vielleicht ist es gut, ganz einfach bei diesem seinem Blick anzufangen, vielleicht macht uns dies am meisten ruhig und frei, damit wir beten können. Du bist schon da, ich komme nach, ich stelle mich ein, ich versuche zu antworten. Und dann eben: Du bist mein Gott, sei Gott für mich.

Und im selben Atemzug erreichen wir das zweite Gebot. Der Name Gottes! Ich selbst bin angerufen. Daß es mich gibt, ist nicht ein blinder Zufall, ein Verhängnis, eine auferlegte Last, ein überfordernder Anspruch, der mich drückt und quält, reizt und unzufrieden macht. Ich bin ins Dasein „gerufen". Mein Name ist schon „genannt". Auch das Kind hört schon seinen Namen, ehe es „ich" sagen kann. Und ganz allgemein unter Menschen ist das so: nur der Angeredete kann sprechen. Aber wenn er angeredet ist, *kann* er eben sprechen, er nennt zuerst den Namen des anderen, Mutter, Vater – und dann erst lernt er „ich" sagen. Beten heißt: angerufen sein und so umgeben sein vom Namen Gottes – und dann diesen Namen aussprechen. Ihn aussprechen nicht als die Bezeichnung eines Dinges, über das ich verfügen kann, oder eines Dritten, der nicht hört, was man von ihm sagt. Der Satz mag mißverständlich sein, aber im Grunde trifft er ins Schwarze: Man kann von Gott nur sprechen, indem man zugleich zu ihm spricht. Gott steht zu uns in der zweiten und nicht in der dritten Person der Grammatik. Dann aber wird deutlich: Gebet artikuliert die Grundbefindlichkeit unseres eigenen Ich, Gebet ist der Grundvollzug unserer Existenz.

Damit das aber nicht abhebt ins bloß Grundsätzliche oder hineinverschwindet ins bloß Innerste, ist das dritte Gebot, besser: ist das entscheidend, worum es im dritten Gebot geht. Mit das wichtigste in unserem Leben ist unsere Zeit. Meine Zeit *ist* mein Leben. Sag mir, was du mit deiner Zeit anfängst, und ich sage dir, wer du bist. Sag mir, was deine Zeit erfüllt, und ich sage dir, was dein Herz erfüllt. Wir sind nicht erst heute, aber gerade heute, in den Lebensbedingungen, in welchen wir uns finden, Mitläufer von Zeit, die andere uns vorgeplant haben, oder Manager von Zeit, die wir planen und verfügen. Im ersten Fall nehmen andere uns den Atem, im zweiten drohen wir ihn uns selbst zu nehmen, gefangen von unserer Scheinmacht und bedrückt vom Überdruck, selber Herren der Zeit zu sein. Der Sabbat aber sagt: Du hast deine Zeit nicht von dir, unterbrich die Zeit deines Machens, laß die Augenblicke deiner Zeit der leere Kelch sein, in welchem Der sich selbst dir schenken kann, von dem du alle deine Zeit hast. Gib deine Zeit ihm, damit du erkennst: Zeit kommt von ihm. Nur dieses Fest der für den Herrn unterbrochenen, ihm hingehaltenen Zeit überwindet den Zeitdruck und die Zeitangst. Gebet ist umgebrochene, verwandelte, von ihrem Ursprung her neu empfangene Zeit. Es sollte beim Beten jedesmal diesen hörbaren „Knick" in der Zeit geben, der unser hektisches oder selbstherrliches oder erschöpftes oder in sich selber drehendes Zeitgefühl umbricht: *Er* ist wieder da – und so bin endlich *ich* selber wieder da, neu da – und alles ist neu da.

Gott hat mich schon angeschaut, ehe ich ihn anschaue. Ich lasse die vielen Abhängigkeiten und Knechtschaften und sage ihm: Du bist mein Herr, sei du mein Herr! Ich weiß mich beim Namen gerufen und von seinem Namen umgeben und heilige diesen seinen Namen. Ich steige aus dem verfügten oder selbstgemachten Zwang der Zeit aus und empfange sie in der „Unterbrechung" des Gebetes neu von ihrer Quelle, vom lebendigen Herrn her. Das ist das Maß der ersten drei Gebote für das Gebet.

Daß auch die zweite Gesetzestafel, jene, die sich auf das Verhältnis des einen zum anderen im Volk Gottes bezieht, mit dem Gebet zu tun hat, zeigt sich nicht auf den ersten Blick. Aber dieser erste Blick trügt. Denn warum gibt es diese zweite Gesetzestafel überhaupt? Gott ruft den Menschen nicht isoliert, sondern das *Volk* Israel ist gerufen als Bundespartner Gottes. *Als* Volk hat es aber nur Bestand, *als* Volk kann es nur Gottes liebende, erwählende Tat beantworten, wenn im Volk einer den anderen annimmt, stützt, trägt. Der andere und ich stehen unter demselben Ruf, wir gehören zusammen, wir sind jeder bei seinem Namen gerufen und geben Gott die Antwort, indem wir seinen einen und selben Namen anrufen. Versiegelt sein unter demselben Namen Gottes, das ist das Grundkennmal des Volkes Gottes. Das heißt aber auch: Der andere ist für *mich* versiegelt unter Gottes Namen. Mein Verhältnis zu dir hat mit Gott zu tun, du selbst gehörst in mein Verhältnis zu Gott hinein.

Was in Israel galt, das vollendet sich in Jesus, der uns allen den einen Vaternamen offenbarte und so uns zu Brüdern und Schwestern hat werden lassen, im einen Blut, das er für jeden einzelnen vergoß, im einen Geist, den er ins Innerste des Herzens eines jeden von uns legt. Wenn *ich* bete, bete ich: Vater *unser*. Wenn ich „ich" sage, dann sage ich nicht nur zu Gott, sondern auch zum Nächsten du und mit dem Nächsten wir.

Dann aber halten in der Tat die Gebote der zweiten Tafel eine Botschaft für unser Gebet bereit.

Ein wenig abstrakt formuliert: Das vierte und fünfte Gebot sagen uns, daß Beten in einer nachzeitigen und gleichzeitigen Gemeinschaft steht. So sehr Gebet vom einzelnen, von der Situation des Jetzt und von seinem Herzen und seiner Befindlichkeit ausgeht, so wenig ist es doch herauszunehmen aus dem Geflecht der Überlieferung und Weitergabe des Glaubens. Wir stimmen ein in den Chor der Jahrhunderte und setzen die Bedingung, daß er weiterklingt, wenn wir beten. Dieses Mitbeten mit denen, die uns ihre Erfahrung und Praxis des Glaubens und Betens überlieferten, diese Verantwortung für jene, die kommen, sind nicht etwas zum Gebet Zusätzliches, sondern prägen es von innen her. Nur wenn ich von den Vätern und Müttern her und auf die Kommenden zu bete, bete ich selbst ganz, bringe ich mich als den ein, der ich bin. Die Frage, ob mir eine bestimmte Form des Betens liegt oder zusagt, hat ihr Recht, aber ihr relatives Recht. Weiter werden, „menschheitlich" beten, im Verbund der Jahrhunderte und Kulturen beten, das heißt: zum Gott des Ganzen, zum je größeren Gott beten.

Aber nicht nur diese nachzeitige Verbundenheit, sondern auch die gleichzeitige, ja sie ganz augenfällig gehört zum Gebet. Wir sprachen schon vom Wir, vom Unser. Wie ernst dies ist, das tritt am fünften Gebot zutage. Gerade dann sage ich das ganze unbedingte Ja zum Leben des anderen, wenn ich ihn auch ins Gebet nehme. Und wenn ich umgekehrt, die anderen alle ins Gebet nehme, dann übernehme ich vor Gott die Verpflichtung und erhalte ich von Gott die Kraft, für das Leben des anderen mitzuleben und zu wirken. Gebet ist nicht eine Aufrüstung für sozialen Einsatz, aber eine Verwandlung meines Lebens in verantwortliches Mitleben mit jenen, denen derselbe Herr des Lebens das Leben gab.

Gebet wendet sich an die Treue Gottes und ist die Antwort der Treue auf seine Treue. Ich verlasse mich auf den Gott, den ich anrufe – und kehre ein in seine Verläßlichkeit. Sie „imprägniert" sozusagen auch mein Verhalten zum Nächsten, meine Bundestreue, meine Durchsichtigkeit, mein reines Herz. Wenn Gebet das Rufen der Braut zum Bräutigam ist – Grundbild des Alten und des Neuen Testamentes –, dann hat das sechste Gebot, das Gebot der Treue und jener Reinheit, die nicht eine rituelle und äußere, sondern eine wesenhafte ist – Transparenz des eigenen Seins und Verhaltens also –, mit dem Gebet zu tun. Wer betet, betet nur dann ganz, wenn sein Herz in diesem Beten treu und lauter wird.

Im Gebet erfahren wir das, was wir haben, als Gabe. Es ist nicht festgehaltener, für uns selbst behaupteter Besitz, sondern Zeichen der Güte und Nähe dessen, von dem alles kommt. Die Verwandlung unseres Verhältnisses zur Schöpfung und ihren

Gaben verwandelt aber auch unser Verhältnis zum andern. Der Brudermord Kains an Abel gründet in der Mißgunst, die den Segen und die Huld Gottes dem anderen innerlich streitig macht. Das Haben-wollen verdirbt und pervertiert das Gebet, das Opfer in den Bruderhaß und in den Brudermord hinein. Wer von Gottes Gaben lebt, der gönnt dem andern Gottes Gaben, mehr noch, er sorgt, daß der andere von diesen Gaben zu leben vermag. Wiederum ist solche im siebten Gebot geborgene „soziale Hypo-thek" des Gebetes nicht eine äußere, zusätzliche Pflicht, sondern jenes mit dem Gebet unmittelbar verbundene Weitwerden des Herzens, in dem alle mitumfaßt sind, die Gottes Herz umfaßt, und jene zumal, denen es sich besonders zuwendet: denen am Rand, den Bedürftigen und Schwachen.

Achtes Gebot: Gebet geschieht im Wort oder wächst aus dem Wort, und im Wort sprechen die an-deren mit, spreche ich zu den anderen mit. Wir brin-gen Sprache der Menschheit, wir bringen Sprache des Alltags, Sprache der mannigfachen Beziehung und Bezeugung zwischen uns in jeden Satz eines je-den Gebetes mit – und auch in den Ansatz jenes Ge-betes, das die Worte hinter sich läßt, um schweigend ganz Wort zu sein. Gebet ist wie ein Feuerofen, in dem die Worte, die mitgebrachte Sprache, die in ihr schwingenden Beziehungen geläutert und umge-schmolzen werden. Wer gebetet hat, der spricht an-ders, dessen Wort wird zum Zeugnis – auch in den alltäglichen und pragmatischen Dingen – zumindest zum Zeugnis jener Redlichkeit, die nichts verstellt und weder das Gefüge der Wirklichkeit noch die Würde des anderen verletzt. Wo im Ernst gebetet wird, da gewinnt Sprache ihre dritte Dimension: sie wird vom Zusammenfall in die Plattheit und Flachheit bewahrt, aber auch die Hintergründe werden ausgeleuchtet und offengelegt, in denen sonst die verborgene Selbstherrlichkeit, Verbogenheit und Verlogenheit des Ich sich einzunisten drohen. Wer du zu Gott sagt, der sagt neu du zu seinem Nächsten.

Die beiden letzten Gebote, das neunte und zehnte, haben es mit dem Begehren, mit unseren Absichten und Wünschen zu tun, welche das offenbare Verhalten beseelen und ihm die Weichen stellen. Sie beschreiben eine Kurve, die der Weg des Bundes aus der Welt des Handelns in das Innerste des Herzens hinein nimmt, dorthin, wo der Mensch, so wie er ist, vor Gottes Antlitz steht.

Schauen wir die Gebote der zweiten Tafel nochmals zusammen. Gut beten heißt dann:

In deinem Beten beten die Generationen vor dir und nach dir mit und du betest mit ihnen mit – so aber wendest du dein Herz den Früheren und den Späteren zu.

In deinem Beten betet dein Nächster mit, in dein Beten nimmst du deinen Nächsten hinein, aus deinem Beten nimmst du Gottes Zuwendung zu deinem Nächsten und zu seinem Leben mit hinaus.

In deinem Beten läßt du dich ein auf Gottes Treue und gibst ihr die Antwort deiner Treue; so wirst du der verläßliche Partner und Zeuge seines Ja auch in Zeiten der Krisen und Dunkelheiten.

Im Beten erfährst du Welt und Dinge neu als Gabe Gottes – für dich wie für die anderen, du verdankst, du gönnst, du gibst. Im Beten bringst du die Worte deines Lebens mit und läßt deine Worte zu Worten des Lebens, zu Worten der Wahrheit werden, im Beter erneuert sich die Sprache zwischen den Menschen.

Im Beten wohnt dein Handeln, wohnen deine Beziehungen und Verflochtenheiten – und werden sie neu aus der Quelle, aus dem Ursprung dessen, der dich und alle und alles sein läßt, dir und allem und allen sich zuneigt. Gebet wird, wo immer es geschieht, zur Welt-macht, zum Anteil des Menschen an der Welt-macht Gottes.

Wir können überraschend das an den Geboten Abgelesene gegenlesen an Jesu eigener Botschaft. Wer in die Bergpredigt hineinhorcht, dem fällt immer wieder auf, wie das Verhältnis zum Vater, der ins Verborgene sieht, wie die gelebte Beziehung zu ihm das Verhalten des Menschen umformt. In der Tat sind alle Linien, die sich für uns aus den Zehn Geboten aufs Gebet und vom Gebet auf die Zehn Gebote hin zeichnen, in Jesu ausdrücklicher Verkündigung enthalten. Blicken wir auf die zweite Tafel der Gebote. Das Tempelopfer kann nicht die Sorge für die Eltern ersetzen (vgl. Mk 7,9–13). Der Mord setzt an im Haß und in der Unversöhnlichkeit, ja im Fluchwort (vgl. Mt 5,21–26). Das Herz und der Blick sind die Orte, wo eheliche Treue gemäß der Treue Gottes gewahrt oder verletzt werden (vgl. Mt 5,27 f.). Vertrauen auf Gottes Vorsehung überwindet die Habgier und die egoistische Sorge (vgl. Mt 6,19–34). Weil Gott in jedes unserer Worte hineinsieht und hineinspricht, ist der Unterschied zwischen Alltagswort und beeidigtem Wort hinfällig (vgl. Mt 5,33–37). Bergpredigt ist im Grunde: gebetetes Leben, gelebtes Gebet.

Gebet verändert die Welt

„Da hilft nur noch beten ...", dieses Wort stimmt oft genug. Und wohl uns, wenn wir, statt am Ende unserer Taten zu verzweifeln, den Mut zum Beten fassen.

Und doch ist dieses Wort oft genug ein schlimmes Wort. Beten sollte nicht nur die „ultima ratio", also der letzte Ausweg sein, sondern die „prima ratio", also der Anfang, das Erste.

Beten verändert in der Tat die Welt. Und dies aus drei Gründen.

Zuerst: Gott steht nicht nur *hinter* allen Ursachen, er ist nicht das entfernteste Glied in der Kette des allumfassenden Wirkzusammenhanges. Nein, er ist der Nächste, er ist der Einzige, der immer wirkt. Beten bringt Gott ins Spiel, in jenes Spiel, das er nicht ohne unsere Freiheit spielen will. Aber die größte Freiheit ist die, nicht statt seiner zu spielen, sondern ihn selbst ins Spiel einzuspielen, ihn zu rufen – und er hört.

Sodann: Auch unmittelbar werden die Wirkzusammenhänge innerhalb der Welt anders, wenn sich die Beter mit ihrem Gebet einmischen. Wo die Beter dazwischen sind, da sind andere Orientierungen, da sind andere Maßstäbe, da sind andere Kräfte im Spiel als in der geschlossenen Gesellschaft der Macher. Sodom ist nicht Sodom, wenn zwanzig oder wenigstens zehn oder wenigstens fünf Gerechte in der Stadt leben. Die Beter ziehen sozusagen ins Gewirr der wirkenden Mächte das Gefüge, die Struktur ein, welche das Ganze trägt (vgl. Gen 18,23–33).

Schließlich: Wer in der Wahrheit betet, der wird selber anders – nicht nur in seinem Sein, sondern auch in seinem Wirken. Ich kann nicht im Ernst um Frieden beten – und nichts für den Frieden tun. Ich kann nicht gegen Hunger und Elend beten – und alles auf sich beruhen lassen.

Gebet greift nach Gottes Hand, welche allein die Welt verändert. Im Gebet greift Gott nach unserer Hand, um die Welt zu verändern.

Die Kultur der Liebe
ist die Kultur des Gebetes

Wir brauchen eine neue Kultur, die Kultur der Liebe. Jede Kultur hat ihr Nein, hat ihr Ja und hat ihre Begründung.

In der Kultur der Liebe finden wir das Nein, das Ja und die Begründung im Gebet.

Das Nein in der Kultur der Liebe ist das Gebet der Umkehr. Das Ja in der Kultur der Liebe ist das Lobgebet. Die Begründung in der Kultur der Liebe ist das Dankgebet.

*

Nicht uns, o Herr, bring zu Ehren, nicht uns, sondern deinen Namen, in deiner Huld und Treue" (Ps 115,1).

Nicht ich, sondern du – Nein, Umkehr.

Alles spricht von dir – Ja, Lobpreis.

Dein Wort wird in mir zur Antwort – Begründung, Dank.

Rückfall und Gebet

Eines Tages kommt ein Jünger beschämt zum Meister und sagt: „Ich habe mit ganzer Kraft gebetet, daß ich nicht mehr falle. Und nun ist es doch geschehen. Was habe ich falsch gemacht?"

Der Meister antwortet ihm: „Tritt still vor Gott hin und stell dir vier Fragen.

Frag dich zuerst: Habe ich Gott gebeten, daß ich nicht falle, aber dabei versäumt, jene Schritte zu setzen, die es bezeugen und beglaubigen, daß ich nicht mehr fallen will?

Sodann frag dich: Wollte *ich* gut sein vor Gott – oder wollte ich in aller Lauterkeit, daß *Gott* gut ist, daß er verherrlicht wird in meinem Leben und daß ich seiner Güte durch meine Sünde keinen Abtrag tue?

Frag dich weiter: Wollte ich ganz bei Gott sein – oder wollte ich nur die Mühe los sein, immer neue Anläufe zu nehmen, immer neu aufstehen zu müssen? Habe ich also nur ja gesagt zum Gott des Zieles oder auch zum Gott des Weges?

Schließlich frag dich: Habe ich, als ich so inständig ihn bat, ihn nicht heimlich auf die Probe gestellt, ob er mir wirklich helfen wolle? Gib dich so ins Gebet, daß das Ende des Gebetes heißen kann: Ich stehe in dir, ich bin in deiner Hand, und auch die Frage, ob ich nochmals fallen werde, gehört mir nicht mehr!"

Betroffen antwortet der Jünger: „Aber wer kann so lauter beten?" Darauf der Meister: „Bete ums Beten, dann kannst du so beten – und dann wird dein Gebet erhört sein."

Das Glas und der Wein

Ein verehrter Meister klagt einem anderen: „Alle halten mich für erfüllt von Gott. Man sucht mich auf, will meinen Rat. In der Tat, es gelingt mir, vielen den Weg zu weisen. Aber wenn ich still vor Gott stehe, dann bin ich ganz arm, und oft finde ich mich beim Beten spröde und leer. Wie kann ich sicher sein, daß ich mich nicht selber und insgeheim so auch die anderen betrüge?"

Der Freund antwortet: „Ein Glas schmeckt nicht den Wein, den es empfängt und den es weitergibt. Ein Glas ,schmeckt' dasselbe, ob es leer ist oder gefüllt. Wir wissen oft nicht, wie es mit uns steht. Aber eines können wir tun: uns dem hinhalten, der den Wein des Lebens ausgießt, uns denen hinhalten, die den Wein des Lebens brauchen. Ob wir Gott lieben, das wissen wir vielleicht nicht. Daß er uns liebt, wissen wir. Und das sollen wir den anderen bezeugen: daß Gott sie liebt, daß sie von seiner Liebe leben können. Wer dies aus ganzem Herzen tut, der lebt selbst von Gottes Liebe."

Armut und Reichtum

„Du sagst uns oftmals, daß wir leer werden müssen von uns selbst, klein werden, absteigen müssen, um beten zu können, Meister."

Wie die Jünger so zu ihm sprechen, nickt er zustimmend. „Nun aber hat Jesus selbst doch gesagt", wenden die Jünger ein, „daß dem, der hat, gegeben werde, dem aber, der nichts hat, genommen werde, was er hat (vgl. Mt 13,12). Wie sollen wir das verstehen?" Der Meister antwortet: „Ja, wir sollen haben. Aber was kann ich haben vor Gott? Nichts anderes ist uns Reichtum und Kraft als sein Kreuz. Wer sein Kreuz hat, wer seine gekreuzigte Liebe hat, der hat alles – und er ist ganz arm. Und wer nichts hat, aber in seiner Armut und Schuld das Kreuz erkennt und umarmt, der hat in diesem Nichts doch alles. Im Kreuz sind die Armen selig (vgl. Mt 5,3) und wird dem gegeben, der hat."

„Wende ab von uns deinen Zorn!"

Wenn wir aus den Psalmen, aber auch aus dem Beten der Christenheit die klagende Frage herausstrichen: „Warum entbrennt dein Zorn gegen uns?" oder die Bitte austilgten: „Wende ab von uns deinen Zorn!" – dann ginge uns der Originalton der glühendsten Hinwendung des menschlichen Herzens zu Gott verloren. Und doch ist diese Rede vom Zorn Gottes uns arg fern und fremd.

Es gibt keine zwei Feuer in Gott, die Liebe und den Zorn, es gibt nur ein Feuer: die Liebe.

Daß er, der die Liebe ist, auch das Recht hat, daß diese Liebe als Zorn entbrennt, das wollen wir nicht entschuldigen, verharmlosen, wegerklären. Wenn ich einen ganz und gar liebe, dann darf ich mir seiner sicher sein – aber diese Sicherheit ist nicht ein Vorgriff, der ihm das Recht nähme, je neu und anders aufzugehen. Liebe zu dem, der liebt, darf ihn nie zum Objekt machen, über das ich heimlich verfüge, das ich berechne und gebrauche. Gott Gott sein lassen, Gott glauben, daß er, was immer er tut, die Liebe ist – und wenn seine Liebe als das Gegenteil erscheint, ihn einfach darum bitten, daß er seine Liebe wieder als Liebe zeige: das fällt uns nicht leicht. Und doch führt kein Weg daran vorbei, wenn Gott uns eben Gott und wenn seine Liebe uns nicht

Beruhigungsmittel, sondern unbegreifliche und unverdiente Zuwendung des göttlichen Gottes sein soll.

Zwei Grunderfahrungen vom Zorn Gottes überliefern uns die Beter.

Die eine, hauptsächliche, ist der Zorn Gottes gegen jene, die sich selbstsicher und selbstherrlich erheben. Sie leben so, als sähe Gott ihr Treiben nicht, und darum scheuen sie sich nicht, den Armen und Schwachen zu bedrücken. Entweder verfallen sie in die offene Gottlosigkeit und in die dreiste Verhöhnung Gottes – oder sie halten äußerlich den Kult aufrecht, aber Gebet und Opfer sind ihnen Formsache, sie scheuen sich nicht, mit ihnen ihr liebloses Verhalten gegen den Nächsten zuzudecken. Zorn Gottes, das ist Zorngericht, welches die Wahrheit offenlegt. Gottes Wahrheit ist Liebe, aber nur die Liebe kann sie als Liebe erkennen. Und wo sich der Mensch gegen die Liebe zu Gott und zum Nächsten sträubt, da ist er nicht in der Wahrheit, und die Wahrheit Gottes, die Liebe ist, richtet und entlarvt ihn. Wenn das Kartenhaus seiner Selbstgerechtigkeit zusammenbricht, vielleicht ist dann noch die Stunde, neu anzufangen, der Liebe liebend zu antworten. Zorn wird zur Chance, sich doch noch der Erfahrung der Liebe zu öffnen.

Darum beten, daß Gott ablasse von seinem Zorn, das ist dann entweder das Beten dessen, der das Gericht Gottes verstanden hat und sich zum neuen Anfang rüstet – oder es ist das Gebet des Gerechten für den anderen, der in die Krisis durch Gottes Zorn geraten ist, und in diesem Beten stützt die Liebe des Betenden diesen anderen, auf daß ihm Besinnung und Umkehr geschehe. Zwischen dem zornigen Feuer der Liebe Gottes und der liebenden Glut der Fürbitte eröffnet sich ein neuer Raum, in dem Gottes Liebe als Liebe aufgehen und der Mensch, der gefallen und bestraft ist, dieser Liebe neu vertrauend sich nahen können soll.

Da gibt es aber auch die andere, leisere, doch nicht weniger wichtige Erfahrung: Zorn Gottes als Prüfung für den Gerechten. Das ist nicht ein grausames Spiel dessen, der die Treue und Güte des Menschen erproben will. Es ist vielmehr das Offenlegen des innersten Herzensgrundes, die Entblößung der Seele von allem, was sie zudeckt, so daß sie ihr Innerstes noch nicht Gott hinhält und in diesem Innersten noch nicht Gott aushält. Reinhold Schneider spricht einmal von der „unerbittlichen" Barmherzigkeit Gottes. Wen er liebt, den fordert er heraus zur ganzen Liebe – und in dieser Zuneigung seiner ganzen und so gerade übermächtigen, über-fordernden Liebe gewinnt diese mitunter den Charakter des Sturmes und der Glut, die bis ins Innerste schmerzen, die brennen, als wären sie Zorn. Hier darf der Mensch beben und zittern, weinen und flehen, hier darf er für sich selber es rufen: „Herr, wenn es möglich ist ...", „Herr, laß ab!" Doch in diesem Rufen und Weinen wächst, mitunter kaum mehr hörbar für den Betenden selbst, die Bereitschaft: „aber nicht mein Wille, sondern der deine!"

Uns steht es nicht zu, darüber zu urteilen, warum Gott gerade *diesen* Weg wählt. Und oft genug, wenn Gott diesen Weg wählt, weiß der Mensch nicht mehr, ob es das Zorngericht der gerechten Strafe oder die Prüfung seiner Liebe ist. Aber auch hier gibt es etwas wie einen innersten Frieden der Seele, die zermartert und ihrer selbst ungewiß dieses Eine oder besser dieses doppelt Eine nicht widerruft: Gott, du bist mein Gott – und daß du mir zürnst, ist Liebe.

Liebe nicht mehr erfahren, sondern nur noch ganz bloß und nackt glauben, heißt, eins mit dem Schrei der Gottverlassenheit Jesu Gott die reinste Liebe schenken, aber auch seine reinste Liebe empfangen. Daß Gottes Geist in uns in jener Stunde bete und uns trage!

*

Es ist gewiß bedenklich, wenn es uns heute nur noch schwer gelingt, mit „Gottes Zorn" zu leben, will sagen: darum zu beten, daß Gott uns von seinem Zorn verschone, seinen Zorn von uns abwende. Aber vielleicht ist uns etwas anderes und diesem anderen dasselbe um so tiefer geschenkt: Leben in diesem Schrei der Gottverlassenheit Jesu und in ihr mit dem Sohn im Geiste beim Vater.

Rufen und gerufen werden

I

Ein junger Mensch kommt zum Meister und fragt: „Verehrter Meister, ich habe eine innere Unruhe in mir. Ich habe den Eindruck, Gott ruft mich. Wie kann ich da zur Klarheit kommen?"

Der Meister blickt ihn an und sagt: „Höre auf die kleinen Rufe eines jeden Tages. Achte zart und genau auf die Stimme, die dich einlädt, hier etwas zu lassen, dort etwas zu tun, jetzt dem Herrn in der Stille oder dem Nächsten neben dir ein Zeichen besonderer Liebe zu schenken. Und in den vielen kleinen Rufen buchstabiert sich Gottes großer Ruf."

Der junge Mensch entgegnet: „Meister, so versuche ich das schon seit geraumer Zeit. Aber die Unsicherheit bleibt. Was soll ich weiter tun?"

Der Meister setzt von neuem an: „Rufst du auch immer zu Gott? Nur wer darin geübt ist, ihn zu rufen, wird auch seine rufende Stimme erkennen und entziffern."

Der junge Mensch zögert: „In der Tat, ich weiß nicht, ob ich innig und vertrauend genug gerufen habe. Aber ich versuche es ebenfalls bereits seit längerem. Könnte es noch an etwas anderem liegen, wenn ich noch immer keine innere Gewißheit habe?"

Der Meister antwortet: „Vielleicht hast du Angst davor, daß er dich ruft, weil heimlich dein Herz an einem anderen Weg hängt. Oder auch deshalb, weil du dir nicht zutraust, das zu vermögen, was er von dir verlangen könnte. Oder es ist genau umgekehrt: Du sehnst dich nach einem Ruf, aber es ist nicht Gott allein, der dich anzieht, und heimlich spürst du das – und so mißtraust du dir, ob du rein und lauter seinen Ruf gelebt hast."

Der junge Mensch: „Ja, Meister, ich fühle, ich muß mich prüfen, ob das eine oder das andere oder das dritte auf mich zutrifft. Aber wie soll ich mich selbst erkennen? Und wenn ich mich erkenne, wie soll ich dann erkennen, was Gott von mir will?"

„Gott ruft dich auf jeden Fall", erwidert der Meister. „Nur eines ist ungewiß: *wohin* er dich ruft, welches der Weg seines Rufes ist. Gott ist der immer Größere. Und um zu erkennen, was dieser größere Gott nun von dir will, überlaß dich einfach dem Weg, der nur geht, wenn die Kraft des größeren Gottes dich trägt. Du wirst bestimmt erfahren, wie klein du bist. Aber wenn es dir gelingt, diese Kleinheit auszuhalten und lauteren Herzens froh zu sein, wenn du trotz Kleinheit und Fall weitergehen darfst, dann bist du auf dem rechten Weg. Gott will, daß du alles schenkst, und das darf auch bluten. Gott will aber nicht, daß du verblutest. Gott will, daß er ganz groß ist in dir, er will aber nicht, daß du dich selber groß fühlst und groß machst. Gott will, daß er in dir seine Kraft zeigen kann, daß du aber auch deine Ohnmacht anzunehmen bereit bist.

Wenn du den schwereren Weg froh gehen kannst, dann ist es dein Weg. Wenn du ihn nicht gehen kannst, dann gehe den kleineren, den stilleren Weg als seinen Weg – und bleibe in seiner Freude."

„Bittet also den Herrn der Ernte, daß er Arbeiter für seine Ernte sende" (Mk 9,38).

Wir sind es gewohnt, daß dieser Satz mit dem Gebet um „geistliche Berufe" verknüpft wird. Und das ist gut so.

Aber manchmal kommt vielleicht das Gefühl in uns auf, dieses Gebet sei nur die Verbrämung dafür, daß uns nichts Besseres einfällt, um geistlichen Berufen den Weg zu ebnen. Wenn nichts anderes mehr geht, dann wird eben gebetet. Oder wir haben das Unbehagen, hier werde Gebet mißbraucht, um notwendige Kräfte für die Kirche zu „mobilisieren". Und wir denken, so zum „Instrument" machen lasse sich Gebet eben nicht.

Gewiß, Gebet ist kein Alibi und Gebet ist keine Wunderwaffe, um irgendein selbstgemachtes Ziel durchzudrücken. Aber nichtsdestoweniger sind in der Tat die geistlichen Berufe, deren die Kirche bedarf, in ganz besonderer Weise gebunden an das Gebet.

Gott ruft, und er ruft auch heute. Aber diese Rufe verhallen im Leeren, wenn wir nicht die „Leitung" finden, den Strang und Strahl, in denen sie zum Menschen hin ergehen. Und diese „Leitung", dieser Strang und Strahl, sie werden eröffnet, wo Menschen einmütig miteinander rufen, zu Gott hin rufen. Wer diesem Rufen nichts zutraut, kann der im Ernst damit rechnen, daß Gott ruft? Und wer nur ruft, um zu haben, und nicht, um zu begegnen, ruft der wirklich? Wartet er auf einen Ruf oder nur auf „Arbeitskräfte" für pastorale Bedürfnisse? Arbeiter in der Ernte, ja, wir brauchen sie. Aber die Ernte wächst aus dem Samen des Wortes Gottes. Und nur im Spiel von Wort und Antwort, von gerufenem und gelebtem Wort und von gelebter Antwort auf Gottes Ruf bildet sich das Klima, in welchem die Ernte gedeiht und der Ruf gedeiht. „Ruft mich an, und ich werde Menschen rufen."

Wie Maria

Laß Gottes Wort dein Wort werden.
Laß dein Wort sein Wort werden.
Laß das Wort der anderen
dein Wort werden.

*

In Maria wird Gottes Wort Fleisch.
Sie „ist", daß sie nichts anderes
zu sagen und zu geben hat als Ihn.
Sie sagt ihm in sich
die Not der anderen.

Rosenkranz

Zeit ist Rhythmus und Ereignis, Wiederkehr und Einmal.

Maria bringt, empfangend, erwartend, austragend, die Zeit als Rhythmus und Wiederkehr – „Zeit als Natur" – mit in jenes unerhörte Ereignis, das die Geschichte umwandelt und neu gründet: ins Einmal der Menschwerdung.

Sie ist in ihrem Ja die Mündung der „Zeit als Natur" in die neue Zeit der menschlichen Gott-Geschichte.

Doch sie bewahrt zugleich die Geschehnisse in ihrem Herzen, im Urtext: sie wälzt, bewegt (vgl. Lk 2,19; 2,51), bewohnt sie.

Darin aber bahnt sich die gegenläufige, ergänzende Bewegung an: Das Einmal weitet sich zum Immer-Wieder, das Jetzt gerinnt zur bleibenden Gestalt, der Augenblick stiftet den bergenden Zeit-Raum. Und so durchdringt das Heilsereignis den steten Gang und Rhythmus unseres Lebens.

Unzählige haben das er-betet, er-lebt im Rosenkranz.

„Und der Engel schied von ihr"

Alles hat seine Ordnung. Der Auftrag ist erfüllt. Der Engel verläßt Maria wieder (vgl. Lk 1,38).

Aber ist das nur eine Ordnungssache? Ist der Abschied des Engels nicht ein Augenblick, der auch uns immer wieder eine besondere Achtsamkeit abfordert?

Maria gelang der Übergang. Der Engel ging fort, aber der Geist wirkte in ihr weiter; und er war es, der sie über das Gebirge trieb, um ihrer Base Elisabeth zu helfen und den Lobpreis der Großtaten Gottes zu singen.

Auch wir werden immer wieder oder wenigstens manchmal vom Engel gestreift. Ein Auftrag, ein Ruf, eine Sendung, ein Geschenk der Gnade, ein Licht werden uns zuteil. Aber wir können den Augenblick nicht festhalten, es geht weiter. Und sehr oft, wenn dann der Engel uns verläßt, verpassen wir den Übergang. Wir schließen uns innerlich in die große Stunde ein – und äußerlich geht das Leben weiter. Zwischen beidem tut sich eine Kluft auf. Wir sind in Gefahr, uns innerlich festzuträumen in das hinein, was war. Oder lassen wir uns wegschwemmen in das, was kommt? Dann ist das schon fortgeschwommen, was war, um nicht bloß gewesen zu sein, sondern um weitergetragen und eingemischt zu werden in die Zukunft, um Sauerteig zu sein im Mehl der Alltäglichkeit. Auch uns kann nur weiterhelfen, was Maria weiterhalf: der Geist, der das Wort in ihr wachsen ließ und der sie zugleich forttrug, um zu dienen und Zeugnis zu geben. Der Mut zu den kleinen Schritten tut not, zum Hergeben der Stunde in die Nüchternheit des alltäglichen Weges und Tuns hinein – und dabei zugleich doch das Gedenken, das treu bleibt, weiterträgt, hütet, wachsen läßt.

Was hat Maria unterwegs getan? Die Frage führt nicht hinein in fromme Spekulationen. Es kann nicht anders sein: Sie wandte sich in der Zuwendung zu ihrem Wegziel zugleich hinein in sich selbst, in das in ihr lebende und wachsende Wort. Sie betete.

Das Wort mit uns tragen im Gebet, das uns zuteil ward, es so festhalten, daß daraus Öffnung für das Nächste und die Nächsten wird, sich so dem Nächsten und den Nächsten zuwenden, daß darin das Wort Gestalt wird – dieses Gebet tut auch uns not, wenn der Engel Abschied nimmt.

Epiphanie

Ein Stern ist in mein Herz gefallen,
ist Unrast mir und Ruh.
Er treibt mich fort zu allen, allen
und singt in mir: Nur Du!

Sei uns willkommen, Herre Christ!

Beten heißt, aus sich herausgehen, hin zum Herrn. Beten heißt aber auch, den Herrn in sich einlassen, mitten hinein in unser Leben. Beten heißt, mit dem Herzen sagen: „Sei uns willkommen, Herre Christ!"

Sei uns willkommen im wehrlosen Lächeln des Kindes. Sei uns willkommen in der aufrüttelnden Botschaft, die Umkehr fordert. Sei uns willkommen im Ruf, der Nachfolge heischt. Sei uns willkommen in dem Trost, der uns Vergebung und neues Leben zusagt. Sei uns willkommen in den Forderungen, die uns bange machen, wenn nicht du selbst uns sie erfüllen hilfst. Sei uns willkommen mit deinem durchbohrenden Blick und deiner uns das Letzte abfordernden Frage. Sei uns willkommen mit dem Haupt voll Blut und Wunden. Sei uns willkommen im Schrei deiner Gottverlassenheit. Sei uns willkommen auf dem Weg unserer Traurigkeit, auf dem du als Fremder dich in unsere Mitte mischst. Sei willkommen, wenn du durch die verschlossenen Türen unserer Angst eintrittst, um bei uns Wohnung zu nehmen. Sei uns willkommen in der herben und fremden Stimme deiner Boten, auch wenn sie uns Unbequemes sagen. Sei uns willkommen in den Geringsten und Verachtetsten, in den Andersdenkenden und Fremden, die wir uns lieber vom Leibe hielten. Sei uns willkommen in den leisen Zeichen des Vergehens, die uns von deiner Wiederkunft sprechen wollen. Sei uns willkommen in den Stunden unserer Einsamkeit, in denen du uns zur Gemeinschaft mit der deinen einlädst. Sei uns willkommen in unserer letzten Stunde.